HUGIBOOKS

THE ART OF
MONEY
WORKBOOK

允許自己
變有錢

三步驟自我對話練習，
改變金錢關係，讓錢流進來

A Three-Step Plan to Transform Your Relationship with Money

芭里・泰斯勒 Bari Tessler 著　　　吳宜蓁 譯

練習處理跟金錢有關的情緒，
就能開始改善金錢關係

廖偉玲 諮商心理師

前幾天有人問我，為什麼我們平常沒辦法發現的問題，能藉著心理諮商找出來呢？

我是這樣回答他的，因為諮商中的談話方式，跟平常聊天對話的方式很不一樣。通常我們聊天會是你說一句，我答一句；但在諮商裡，個案說完一句話，心理師很少馬上回應，大多數會聽個案說，或統整個案剛剛說的話，又或者聽到重點之後，再請他往下說的更多、更深……在完形心理治療中，心理師還會關注個案的聲音、肢體與表情，觀察細微的變化並反映給個案，讓個案有更多的覺察。特別是有情緒時，去感覺自己怎麼了？正在發生什麼？有什麼想法浮現？

藉著個案不斷的自我訴說與探索的過程，許多未知的、埋藏在心中的、尚未解決的事件與情緒，從潛意識慢慢浮現到意識，被個案所理解跟接受，也在心理師的同理中被療癒。本書中的內容，充滿作者溫柔又細膩的提問，就如同在諮商的會談室裡，幫助讀者做深入的金錢自我訴說與探索，也找出適合自己的行動目標與方向。

比如一開始金錢的「身體檢查」練習，開始覺察在日常與金錢的互動中，會帶來什麼樣的情緒？情緒以什麼狀態待在身體裡？又有什麼想法浮現？作者提到：「情緒不是你的敵人。當涉及金錢時，即使是難受的情緒，也有重要的訊息和禮物要傳遞給你。」「身體檢查」練習也提醒讀者，為了支持自己，現在可以做些什麼行動？藉著練習處理跟金錢有關的情緒，就能開始改善金錢關係。

書中還有很多有趣的練習，例如金錢約會、改變信念的療癒儀式，畫出從價值觀與願景出發的金錢地圖，重新決定與金錢的互動方式……我相信只要願意花時間與自己對話，一定會有很多很棒的發現。

就像作者說的：「這將幫助人們改變他們與金錢的關係，在這過程中，改變他們的生活。當我們敢於說出關於金錢的真相時，神奇的療癒就開始了。」

目　錄

親愛的金錢探索者：

　　歡迎來到全新的旅程——一個讓你探索、成長和發現的獨特契機。無論你個人的金錢之路走到哪一步，我都很高興你能來到這裡。無論你有多猶豫、緊張、興奮或好奇，都歡迎你加入。我也為你邁出了勇敢的第一步，而感到驕傲。

　　希望運用這本書，成為你的一項慶典儀式，宣告你在自我成長與知識層面都開啟新的境界。願它開啟一段充滿活力、深具意義且極為深刻的個人旅程，能為你的生活帶來更多創造力、喜悅和自我表達。

　　如果你正在讀這本書，可能你已經隱約注意到，陰影中有股騷動，有個溫柔的聲音在低聲說，金錢，以及你如何與金錢互動，比表面上看到的要多更多。也許你帶著強烈意圖來到這裡，有意識在尋求一種全新的、更有意義的生活方式，來與金錢打交道。或者你可能在想，到底為什麼要讀這本書——你感到有點不確定，但你還在這裡。

　　這本帶有實作練習的書，跟其他勵志工具書不同。做這項金錢功課可能會把我們帶到比自己預期更深遠之處——超越個人財務，進入更真實、更近身了解自己的境地。在這過程中，我們原諒、我們放手、我們慶祝；在這過程中，我們選擇用心與同情來撰寫人生的新篇章；在這過程中，我們探索自己生命傳奇中不為人知的深度，並深入靈魂深處，為我們的期盼、夢想和抱負注入力量。

　　讓這本書成為你開啟全新探索之旅的媒介，它配備工具和資源，可以開闢出一條新的道路，請帶著信心和信任向前邁進。在這之中，我們將會建立起一個行動框架，你需要在自己與金錢的關係中，創造出真實的、持續性的改變。

這是個溫和對話的邀請。

我們不相信嚴厲的愛，

你只需安處在目前的位置，

而我很榮幸在那兒與你交會。

　　不僅如此，要知道這本實作書的每一頁都透露著愛，就像陰鬱日子裡讓人感到安適的一杯茶。我們在這裡所做的功課，是建立在慈愛和同情的基礎上的，像是配備著安慰人心的黑巧克力和溫柔的關愛。我們這麼做不只是為了打理你的財務，雖然我們也會這樣做！你更會決定出你的金錢故事下一章是什麼樣子，你將學會如何書寫它，以及如何掌握行進道路上的每個步伐。

　　在這本書中，你會發現溫柔的鼓勵，實用的工具和資源，通往創造力和快樂的新途徑，以及充分的支持。

　　敬你這位金錢探索者，還有這個新的開始。

　　向前進吧！
　　獻上　愛和黑巧克力

芭里・泰斯勒

：
：

本書將幫助人們改變他們與金錢的關係，
在這過程中，改變他們的生活。
當我們敢於說出關於金錢的真相時，
神奇的療癒就開始了。

作者序

非常開心能和你分享這本書的探索之旅！在這過程中，我們選擇帶著對自己寬容和同情同行。嚴厲的愛在某些情況下可能有效，但對大多數人來說，只會讓人想把頭埋進沙子裡躲起來。

也許我們已經嘗試過「嚴厲的愛」，很多傳統的理財書都採用了這種方法，但讓人感覺很糟。或許我們完全忽略了生活中金錢這個領域——因為我們從來沒有被教導過要談論它。又或者希望它能神奇的自理，這更是沒有用的。也有可能你發現自己處於這幾種情況之間，既好奇又猶疑不定。

不過，你已經來到這裡，準備好探索你的金錢情緒，深入挖掘你的金錢故事。邀請你帶著好奇心和關注力，來參加這個旅程。

在造就持續轉化方面，富有同情心之道，
比自我批評之道要有效的多很多。

為什麼要探索你與金錢的關係？

一九九八年，我取得身體心理學碩士學位，當時我認為，身為治療師主要工作應該集中在身體、性、食物、親密、悲傷和死亡，這些人生的大考驗上。雖然我的工作確實包含這些主題，但我選擇將我們與金錢的關係當作通往自我意識的門戶，以及同情、自信和自我價值的訓練場。

我自己的金錢之旅，始於學生時期的助學貸款到期時，那時我快三十歲了。在一陣恐懼和困惑中，我突然意識到，我的養成教育並未涵蓋財務知識——在研究生、大學、高中階段都很欠缺，在成長過程中完全沒有……羞恥感著實開始滲透進來。我嚇壞了，完全沒有準備。我不知道該如何去開創自己的事業，也不知道如何記帳，更不知道怎麼自在的與客戶談論金錢，或是幫助伴侶們應對富有挑戰性的財務課題。

當然，我學過一些片段瑣碎的常識，但我不知道如何與金錢建立健康的關係，不知如何管理錢，也不了解在日常與金錢的互動中，我所感受到的所有情緒。在我面對要償還助學貸款的現實時，這一切都瞬間成為問題焦點，但我花了一段時間才意識到，很多人都是這樣。

大多數人在兒童和青年時期，從未接受過必要的財務教育。我認識的絕大多數人從小學一直到成年，從沒有接受過財務教育。他們不談錢，而且金錢似乎只會引來爭吵和心碎。無怪乎我們會感到困惑、羞愧，對金錢事務保持沉默！

又過了幾年，我決定盡可能學習有關金錢管理的一切知識，就從記帳開始。我經營了幾年的簿記業務，合作對象有治療師、教練和藝術家等。從這些簿記工作中，我對人們的金錢關係、消費模式和理財動態的了解，比花大量時間幫這些人做心理諮商還要多。

允許自己變有錢

錢不只是數字，
它也關乎我們與自己──
以及我們與他人之間的關係。

讓我們慢慢深入來理解。

我剛開始和丈夫住在一起的時候，我們住在樹林深處的一個小木屋裡，我就是在那裡創造了我的三階段財務療法──金錢的藝術（Art of Money; AOM）。當時為了鼓勵與幫助客戶，走上他們的理財歷程，我需要一個框架，一個我可以傳授的方式。我能感覺到它存在，卻一直捉摸不出來，有一天我在樹林裡待了很久，尋找、祈禱，還懇求樹木給我靈感。最後真的被我找到了，我回到那間小到不行的小木屋，開始制定我從那時起就一直講授的財務療法。

「金錢的藝術」課程，就是這樣誕生的。

現在，我教授這項財務治療方法已經有二十多年了。一路上，我開設小組課程，藉由它們不斷的微調、校準和翻修這門課程。我越投入其中，同時也在自己的金錢之旅中做出更大的拓展、成長和發現。我經歷了自己始料未及的人際關係轉變，是一種真實而健康的改變，為我的生活帶來了全新的愛和親密感。如同我生命中多次經歷過的，那是我再次感受到一種溫柔的內在召喚，一種靈感的低語。

經過多年的調校，對外與人群連結和分享，又有了新的發展。我先前出版了《金錢的藝術──改變生活的財務幸福指南》（The Art of Money──A Life-Changing Guide to Financial Happiness），書中記載了許多來自 AOM

社群的個人經歷和故事，分享了每個人每天如何使用這些改變生活的工具。

而目前這本書則是下一個演變。

這是一個私密的地方，為你的探索扎根。在這本書中，你會發現從《金錢的藝術》延伸出來的溫柔提示、問題、引用和教導。當你探索自己的金錢之旅和金錢故事中出現的情緒時，這些練習將幫助你闡明一些更深層的領域。你可以單獨使用這本實作，引導你走上與金錢關係的成長之路，也可以將它與我的前作搭配使用，在此過程中獲得一點額外的關愛和觀點。這是你的旅程，唯一「正確的方式」，就是適合你的方式。

在我們開始之前，請注意，這項金錢作業本質上來說是非常個人化的，沒有任何人會和別人走出完全相同的路。在我們一起踏上這段旅程之前，重要的是要承認，有些人生活在具有個人特權的社會，有些人所處社會缺乏它，這都決定了我們各自的生命成長經歷。不管我們自己是否有意識，我們就是透過這個鏡頭來觀察周圍的世界，並與之互動。你在價值觀、資源可及性、支持和排擠等方面的個人經歷，會有意無意的塑造與影響你與金錢的關係。

在我們一起進行這項工作時，我們必須做一些拆解的操作。不管你是誰，也不管你現在與金錢的關係如何，你都會有一些沉重的負擔需要拆卸，也會有意想不到的禮物和歡樂的慶祝。在這裡，我們拆解了不該我們背負的東西，釋放了過去，向前進入一個私密、成長和自我照顧的新篇章。在這過程中，我們成為了自己故事的創作者，最高遠夢想的建構者。我會一直帶著同情、溫柔和愛來引導你。請允許自己把這項工作看成是對自我反思的溫和邀請。

讓我們一起來認識這個金錢領域吧……在我們的旅程中，你會帶著你的財務目標、獨特的金錢敘述，和一雙好的膠鞋。而我將提供實用的工具、豐富的治療經驗、愛的鼓勵，以及豐富的靈感。我對這趟越野旅程熟門熟路，

我將用遠見、真心和歡樂為你指路。

　　我們將從金錢的藝術課程開始，這能鋪陳我們一起踏上的這段旅程。所以親愛的金錢探索者，準備一杯舒緩身心的茶、一些美味的黑巧克力和你最喜歡的筆。

　　讓旅程開始吧！

溫柔，同情，愛

在這裡，我們放下「嚴厲的愛」，給「溫柔的愛」一個機會。

放下你的應該、不應該，以及我為什麼做不到。

在這趟療癒之旅中，它們並不重要。

自我批評算不上英雄氣概。

對自己施以寬恕。

總而言之，請溫柔對待自己。

這是你要開拓的道路，你要書寫的故事。

讓它華麗、可愛、甜蜜。

三階段金錢療法，
讓你與金錢的關係澈底改變

　　不管我們有沒有發現，金錢都影響著生活的各方面。大多數人從沒學過如何跟自己的金錢建立真實的關係，所以我們跟它的互動始終蜻蜓點水，而沒有想過這些交流可能有更深層次的東西。這種局限的視野讓我們的生活以一種破碎斷裂的模式運作：我們把頭埋在沙子裡，放棄了在自己的金錢故事

中寫下不同面貌的權力。

在這本書中，將會探討我們所必須參與的三個層次步驟，以便真正改變我們與金錢的關係。這些級別是相互關聯的，但每一層級也都各自為你探索與運用金錢的方式開拓出新的疆界。在過程中，我們將為你配備所需的工具，支應你旅程所需。

我們不是只來做表面功夫。金錢工作是非常個人的，是私密的啟發，甚至能改變人生——如果你允許它發生的話。下面概述的三個階段，為你提供了一個框架，讓你在與金錢的關係中建立健康、持續性的改變——一路上為你提供指引與考驗。

1. 金錢療癒

在這個階段，我們會發現自己一生中一直在無意識撰寫的金錢故事。我們在此做情緒工作，與金錢建立實質真誠的關係。化解羞恥感、釋放罪惡感，並發掘先前所忽視的珍貴天賦。我們會發現所有從原生家庭，血統和文化所繼承來的模式。帶著溫和的好奇心和同情心，去識別並鬆動那些不再適合我們的模式。我們宣告自己的價值，學習情緒和身體方面的工具，來幫助自己獲得支持和成長。深呼吸，把自我照顧、接納和愛融入每一步。

2. 金錢練習

在這個階段，我們關注的是實際問題——處理數字、系統和習慣，以便你與金錢建立一個持續、清晰、支持性的關係。我們建立起個人的金錢練習，在一個全新的層面上與數字打交道，透過學習與自己進行金錢約會，來讓自己走得更深入。這個部分，我們收集資料，學習金錢的語言。將這些練習與我們最深刻的價值觀結合，用我們的錢創造出有趣、對個人有意義、讓生活正向的互動。

再見了，無聊的預算。哈囉，與價值有關的記帳！

3. 金錢地圖

這是我們深入認識自己的期盼、夢想、目標和抱負的階段——它們是如何展開的，以及金錢如何為它們提供動力。在這個領域裡，我們學習如何做出正確的金錢決策，並使我們的選擇與個人價值觀保持一致。我們接受有意識的消費。隨著我們的成長和改變，我們學會重新定義自己的觀點，並確定金錢如何能為我們的生活提供最佳支撐。在這個空間裡，我們探索自己想要留下的遺產。

每個階段隨時都正在發生，交織在一起，每一個都影響著另一個。

把這三個階段看成相互關聯的大門，讓人通往財務轉型。在任何時候，你都可以跨越和探索一個新層次的金錢工作。

這就是我們的旅程，這些是我們將在這本書所探索的路徑。

金錢探索者，

歡迎來到新旅程的起點。
在這裡，我們以慈悲和愛的意識，探索內心的廣闊疆域。
我們化解羞恥感，鬆綁不再適用於我們的舊模式。
是時候領受我們的價值、療癒、原諒和慶祝了。
來吧，來吧，我們慶祝吧！
這種深刻的個人、內在的工作，正是我們的基礎。

深呼吸，親愛探索者……讓療癒開始吧！

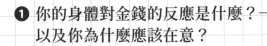

第一階段

金錢療癒
MONEY
HEALING

❶ 你的身體對金錢的反應是什麼？——
　以及你為什麼應該在意？

❷ 金錢情緒

❸ 身體檢查

❹ 挖掘你的個人金錢故事

❺ 為你的金錢故事寫出新章節

① 你的身體對金錢的反應是什麼？
——以及你為什麼應該在意？

自從開始帶領「金錢的藝術」社群做金錢功課開始，我就向大家介紹了一些基本的身體（Somatic）工具。

Soma= 身體

身體工作為我們與金錢的關係帶來更多的了解、健康與和平。它提供了覺察作用，使我們能夠安撫、支持自己，並選擇用新的模式和行為，來改變我們與金錢的關係。

就我個人而言，身體練習救了我一命，改變了我在世界上活動的方式。這項工作幫助我學會了如何擺脫頭腦，把自己落實在身體裡。我必須有意識的努力學習如何識別不同的感覺和情緒，並體驗它們在我體內的感覺。透過這種方式，我開始真正傾聽我的身體，理解身體試圖傳遞給我的資訊。這段改變人生的經歷，促使我攻讀身體心理學碩士學位。我知道我需要挖掘更多，學習在更深的層次上，理解並應用身體練習，以便我繼而還能與他人分享這些工具。

這種覺察力在我生活的各方面，都給了我很大的幫助，從成為伴侶到為人父母，從我在世界上所做的工作，到我自己與金錢的關係，這樣的例子不

允許自己變有錢

勝枚舉。

　　我們之中許多人在生活各個面向上都會做正念練習，無論在瑜伽墊上，在與情人的談話中，或者在吃飯時，但卻忽略把同樣的覺察意識帶到金錢上。當面對過期的稅單時，我們往往會變得很渙散、不知所措、恐慌或麻木——同時併發的是感覺心跳加速、腸胃不適，或突然急於做點別的事或想其他事。

　　在我們的金錢關係中運用身體練習，能將我們覺知聚焦。它們可以幫助我們自我調節，建立基礎和資源——輔助我們從舊模式中找出一條新的道路。這讓我們在深度心靈探索旅程中，維持身體層面的連結。

　　金錢工作和身體練習的整合，是非常深刻的轉化工具，我強烈認為它們缺一不可。

當生活變得艱難時，我們很容易逃避現實、忽略身體感受，

但是相信我：答案永遠不位於外在。

出路……總是在你之內。

金錢情緒

這章我們先從日常生活中出現的各種金錢情緒談起。

金錢情緒是身為人類很正常的現象。無論是好是壞,金錢都與我們的生存本能、身分、自我價值和大量根深柢固的個人事務緊緊相繫。這就是為什麼金錢總會引發人們強烈的本能反應!也難怪「恐懼」情緒(通常在戰鬥、逃跑或僵住等本能反應時伴隨發生),總會在大大小小的金錢情境頻繁出現。

但圍繞著金錢,也會出現其他情緒⋯⋯大量出現。

從羞愧、焦慮、憤怒、內疚、悲傷到喜悅、興奮,還有希望和信心,以及介於兩者之間的任何情緒。理解我們個人的金錢情緒,是一項基本的生活技能。

學會為這些情緒命名,感受這些情緒,並讓它們在我們的身體中移動,也是一項不可或缺的生活和理財技能。

金錢工作並不是要「擺脫」我們在財務問題上的情緒,或切斷它們與我們偉大、混亂、輝煌的生活的所有聯繫,而是要學會對它們「做出反應」。我知道,我知道。我們對金錢的很多情緒都讓人很不舒服,你可能只想關閉自己,讓它們「停止」。然而,如果我們想要打破這個循環,就必須學會如何承認我們的情緒,注意到它們在我們的身體裡,並與這些感覺並肩共處,而不是把它們趕走。

容我善意提醒，涉身金錢情緒是件了不起的事——這項工作是非常私人的。

當你邁出這勇敢的一步時，請溫柔的對待自己。

記住，不要著急，不急於「完成它」。也沒有所謂的「正確答案」，你也不需要一下子回答完所有問題。

所以泡杯讓自己感到愜意的茶，深呼吸。允許自己按照自己的節奏走，尊重自己的時間安排。你在這裡很安全，當你準備好了，我們就開始。

核心情緒

○ 生氣	○ 痛苦
○ 焦慮	○ 內疚
○ 平靜	○ 喜悅
○ 好奇	○ 招架不住
○ 失望	○ 驕傲
○ 厭惡	○ 傷心
○ 賦權	○ 安全
○ 興奮	○ 羞愧
○ 恐懼	○ 驚訝
○ 感恩	○ 溫柔

關於金錢，你最常出現的主要情緒是什麼？你經常看到哪種情緒，或者多種情緒的組合？

有什麼金錢情緒是上述列表遺漏的嗎？

那麼金錢情緒光譜的另一端呢？如果你一向比較容易注意到「負面」情緒，那麼你能找到些許「正面」情緒嗎？

現在，花點時間對你的金錢情緒，再多做些挖掘與探索。

允許自己變有錢

當你在商店結帳，或以其他方式兌換商品或服務時，通常會出現什麼情緒？羞恥？憤怒？恐懼？內疚？喜悅？悲傷？幸福？寫下你所記得的部分。

暫停一下，試著想想你最近三次與金錢的互動。每一次分別感覺如何？

金錢互動 #1：

現在出現了哪些金錢情緒？你感覺到它們在哪裡？
它們以什麼狀態待在你的身體裡？

金錢互動 #2：

現在出現了哪些金錢情緒？你感覺到它們在哪裡？
它們以什麼狀態待在你的身體裡？

金錢互動 #3：

現在出現了哪些金錢情緒？你感覺到它們在哪裡？
它們以什麼狀態待在你的身體裡？

慢慢來。帶著同情心去探索。

相信自己現在很安全。給情緒留點空間。

當感覺出現時,處在當下。

及早認出並說出你的感受。

當下撫慰自己。

輕輕的把你的情緒移到一旁,這樣你的思考就會比較清晰。

把大問題分解成可處理的小部分。

保持好奇,接受各種新的可能性。

即使過了這麼多年,每當我面對與錢有關的新事物或大事時,還是會升起難以對付的情緒。

一個人若在金錢功課上有所進展,可透過這樣得知:當難搞的情緒出現時,你有可靠的工具能安慰自己、自我調節,並繼續前進。

你可以說「哈囉」,給你的羞恥一些空間。輕輕的把它移到一邊。想像你給它茶和巧克力。注意並觀察它。讓你的神經系統平靜下來,這樣戰鬥—逃跑—僵住的反應,就不會壓制你整個身體。和自己開啟對話,帶著溫和的好奇心問新的問題。

情緒不是你的敵人。當涉及金錢時,即使是難受的情緒,也有重要的訊息和禮物要傳遞給你。我們的目標不是讓這些情緒消失,就算我們可以(但實際上是做不到),我們也會錯過許多美好的覺知和智慧。

希望你學會運用這些自我對話工具,並獲得你所需要的支持,來處理你的金錢情緒。這是我想與你們分享的第一個工具。

我不厭其煩一遍又一遍的教大家做這個。它就是這麼好用。

身體檢查

身體檢查是我最喜歡的有意識金錢工作的工具。
它一路支撐我們沿著陡峭的學習曲線，深入探索內在⋯⋯
它是「當下」就能賦予你力量的完美基本工具。

　　身體檢查是我工作的根基。我總是一再回歸到它，因為它很簡單、精確又具有深厚的力量，支持著我們克服種種艱難的情緒和壓力。

　　這種練習為我們創造出一個空間，讓我們在心理上能先退一步衡量自身情況，而不是衝動的做出反應。身體檢查教我們慢下來，在日常與金錢的互動中，注意我們的情緒、感覺和呼吸。透過耐心和真誠的練習，它將擴展到更深的意識和認知中，改變我們與金錢的互動模式和對話。

　　我帶著我的學生一遍又一遍的做這個練習，在與錢互動之前、跟錢有關的對話之中，接著事後再做一次，就像祕密任務之後的彙報一樣。雖然我第一次提到身體檢查練習時，有些人翻了白眼，但後來許多學生回來告訴我，

這項工具真的改變了他們的生活。

這個簡單的工具真的可以移山。我一次又一次看到這種情況發生。

身體檢查引導

身體檢查從暫停所有動作開始。停下你正在做的事情。給自己留點時間。集中你所有的注意力，轉而向內看。

做幾次緩慢、深沉的呼吸。如果閉上眼睛對你有幫助的話，就閉上。採取一種開放和好奇的態度，不批判，也不試圖改變任何事情。

從你身體的感覺開始。注意身體在椅子上的感覺，或腳擺在地上的感覺。注意動作與靜止的感覺，微風掠過你的皮膚，感覺你的骨盆是否安安穩穩的。注意你呼吸的感覺，吸氣和吐氣——它是深的、淺的、涼的，還是緊繃的？

接下來，溫柔的觀察在你體內流動的情緒。你是否感到憤怒、焦慮、煩惱或困惑？這些情緒在你的身體裡是什麼感覺？你的下巴展露著堅定，還是你感到肚子裡有興奮的顫動？允許自己單純的意識到這些情緒，以及它們在你的身體裡，是如何被表達出來的。

同時，注意各種想法、影像、記憶或自言自語。無須緊緊抓住它們或推開它們，只要承認它們。是否產生了自我批評、批判，或其他難受的感覺？注意這部分。有喜悅、興奮或其他膨脹的感覺向你襲來嗎？也要注意這些。

當你審視自己的身體、情緒和思想時，問問自己，此刻是否有什麼想要去除或添加的東西。如果你注意到下巴很緊，也許你可以動一動把它扭鬆。如果你注意到呼吸淺而快，你可以慢慢延長並加深呼吸。回歸到你的身體。跟隨你的呼吸。這不是為了完善或改變任何事情。這時我們只是覺察而已。

在你完成身體檢查後，問自己以下問題，並寫下你的回答——記住請務必秉持開放、富有同情心的好奇態度。

在生理層面上，你注意到了什麼？你的身體現在感覺如何？有哪些感覺呈現在你身體上？

它呈現出的情緒是什麼？

你的呼吸怎麼樣？在你身體內的哪裡？你的呼吸是深、是淺，是否順暢？

有任何想法升起嗎？是什麼想法？

關於自己，你多知道了一些什麼嗎？

為了支持自己，現在你立刻能做的一件事，會是什麼事呢？

如果你的下巴很緊繃，稍微鬆開一點會感覺比較好嗎？要不要試試在椅子上調整姿勢，讓自己舒適一點？或者需要稍微轉動一下肩膀呢？

就是這樣！你剛剛完成了第一次的身體檢查。

當我們慢下來，相信身體的智慧，
它會告訴我們，我們最需要的是什麼。

　　一旦你完成了第一次身體檢查，接著就是重複、重複、重複。我建議在每一個關於錢的決定之前、之間和之後，都重新做一下這個練習。

你可以在哪裡運用身體檢查？

去商店購物、和你的伴侶／配偶談論金錢時，都請帶著身體檢查。在你查看線上餘額、支付帳單，和審視各種數字時，也都可以運用它。當你做理財決定的時候，更不妨試試。盡量把身體檢查帶到日常金錢互動中，你會以一種美好的方式改變你與金錢的關係。花時間對你一天中所面臨的各種金錢決定進行身體檢查，從微小到重大的決定。把它想像成一場富有同情心的尋寶活動，你可能會發現關於你感受的線索、模式或洞察。

身體檢查是一項工具，當你深入到金錢療癒那深而洶湧的水域中，或者行經你的金錢故事歷程，乃至於進行金錢約會時，我們都會反覆使用到它。但是不要擔心，我們將一起做所有的事情。

學會處理金錢帶來的情緒，需要一些時間和耐心。它有時會讓人感覺不舒服，甚至害怕。我們身體和生命歷程中悲傷和創傷的程度，會決定我們是否需要私人身體治療師或身體創傷治療師提供更深入的協助，或者書籍與課程就已經足夠。許多人兩者都需要。這就是為什麼有時與身體治療師、財務治療師，或其他值得信賴的指導者一起工作會很有用：這樣的支持能讓你發展出更多工具來幫助自己持續關注身體、傾聽它，並與那些強烈的、棘手的情緒一起運作你的金錢功課。

你並沒有出什麼問題，身而為人有時候就是一團糟。

身體檢查

練習 1 **在金錢互動之前**

我感覺……

我的想法、直覺、領悟……

練習 2 **在金錢互動之中**

我感覺……

我的想法、直覺、領悟……

練習 3 **在金錢互動之後**

我感覺……

我的想法、直覺、領悟……

④

挖掘你的個人金錢故事

閉上眼睛。你對金錢最早的記憶是什麼？

你的金錢故事，可說是你與金錢的關係的一部歷史傳奇——其中有痛苦、有快樂，也有種種學習。它是你無意識的用生命經驗編織出來的一個敘事故事，你獨特的經歷，造就了獨特的你。

這個故事囊括你過去經濟生活的所有實錄，情緒面上受過的創傷和戰勝過的挑戰，以及難以回應的話題。

你從父母和血緣中繼承的信念與習慣，你採用了它們的方式，以及你反抗甚至超越它們的方式，也都在其中。

它包括你在金錢方面的優勢和挑戰，這些強項與劣勢都來自你獨特的環境、制約、個性類型，以及金錢在你內心激起的所有感覺、情緒和身體反應。

你的金錢故事是涵蓋所有一切的故事——包含過去和現在。而你可能從來沒有意識到你在寫它。

探查你的金錢故事是一項勇敢而脆弱的工作。

大多數人都沒有意識到自己的金錢故事——或者至少沒有意識到大部分的故事。儘管如此，不管我們是否正視它，它就在那裡：就像悄悄運行的軟體一樣，在幕後影響著我們所做的每一件事——它驅動決定、加深恐懼，並低聲說著我們無法用理性解釋的半真半假的話。

當人們開始看到自己的金錢故事時，許多人會感到非常羞恥、恐懼或其他難堪的金錢情緒。當我們把金錢故事從櫃子裡拿出來時，它的祕密和沉默很容易讓我們把注意力集中在不好的事情上。你必須知道，我們在金錢方面都有挑戰和優勢——我們的金錢故事包含了創傷和勝利、痛苦和快樂。

要能對自己的金錢故事變得貼近嫻熟，意味著要觀察、理解和尊重這一切。聽起來很難？確實。

但是我們對自己的金錢故事越誠實，就越有能力創造真正、持久的轉變。

身為有意識的成年人，當我們聚焦關注這些早期的金錢記憶時，
可以選擇想辦法去照顧它們。

如果說，這些年來我學會什麼，那就是我們的過去不一定能定義我們的未來，尤其是涉及到我們的金錢故事時。

你有能力寫下新的故事發展。

這需要花些心力，但這是絕對值得的。我們就從這裡開始。

把這些問題當作自我反省的禮貌邀請。

這不是你在監理所或醫生診間匆匆填寫的表格，無須著急，認真思考這些問題。隨你的喜好，回答問題時，你可以點上蠟燭，或把它們一起帶進大自然去。在寫下答案之前，花點時間在你的內心思考一下。

把這種探索和書寫的過程，當成是你對自我照顧的一種投入，也讓它感覺真的就是一種自我照顧。

注意過程中浮現的一切：記憶、圖像、身體感受、信念。隨心所欲跟著

它們的方向前去。把這些提示當作通往內心世界和金錢關係的輕柔的小跳板。

輕盈的進行這一步。這個過程會激發很多情緒素材，所以尊重你自己的節奏，讓自己按照自己的節奏走。

記住，在你開始回答這些問題之前，在這個練習中遇到難受的情緒時，以及在結束之後，做你今天接下來要做的事情之前，都要做一次身體檢查。

當下——釐清你與金錢的關係

你會怎麼形容你與金錢的關係？

在與金錢的關係方面，你的強項是什麼？在這個領域，有什麼實質成果？你在金錢方面最出色的是哪部分？你感到驕傲的是什麼？

你與金錢的關係有什麼改善的空間嗎？你立刻想到的會是什麼？你的身體有什麼感覺？

現在我們更深一步。

你與賺錢的關係

你是怎麼賺錢的？你賺錢容易嗎？還是很困難？在近期的經濟環境下，賺錢情況有變化嗎？你有穩定收入嗎？或者不固定？

你喜歡你的工作嗎？你對它有什麼感覺？

你找到你的使命了嗎？感覺如何？如果沒有，那又感覺如何？－－你覺得自己可能會找到它嗎？

如果你已經找到自己的使命，它是否與你的價值觀一致？如果是的話，感覺如何？如果不是，那感覺如何？你是否更看重收入而不是你的價值觀？到目前為止，這樣還可以嗎？

你與花錢的關係

你對花錢感到自在嗎？還是你對自己花錢感到謹慎和克制？

你花錢的時候是什麼感覺？不花錢的時候是什麼感覺？

你通常把錢花在什麼地方？你不把錢花在什麼地方？你如何做出這些決定的？

當你有了錢，你是否會馬上花掉大部分或全部？

你曾經為自己的花費做過計畫嗎？你試過編預算嗎？這麼做的感覺怎麼樣？

允許自己變有錢

你與給予金錢的關係

你都是什麼時候給錢？給誰，又為什麼？持續了多長時間？感覺如何？

你什麼時候不給予？

你會給多少錢？你怎麼決定的？這個過程中會有恐懼嗎？興奮或其他情緒呢？

你會送禮物或捐款給慈善機構嗎？當你這樣做的時候，是否有一定的條件？送禮或捐贈與給錢感覺有不同嗎？

你會為朋友或家人吃飯或其他事情買單嗎？感覺如何？如果你不為別人買單呢？你會想這樣嗎？

對你來說，給予有更深層次的意義嗎？

你與收錢的關係

你成年之後，有人給過你錢嗎？如果有，是多少，誰給你的？

你希望有個人能給你錢嗎？為什麼？多少錢？

收到錢是什麼感覺？你有被賦權的感覺嗎？內疚、尷尬或覺得自己不配嗎？如果你從未收到過錢，你想像它會是什麼感覺？

收到錢在哪些方面對你而言是支持，在哪些方面可能不是支持？

如果你收到了錢，這會影響你給予他人錢嗎？

你與借錢的關係

你對借錢有什麼看法？你多久會做一次？你借了多少錢？

你是向朋友或家人借錢嗎？使用信用卡帳戶和其他貸款方式？動產和不動產的抵押貸款？

你對自己能借多少錢有限制嗎？你是怎麼決定的？

你與借錢出去的關係

你會借錢出去嗎？給誰，在什麼條件下？多少錢？

如果你借錢出去，你這麼做的動機是什麼？是慷慨嗎？你會產生內疚感或想要被喜歡嗎？

第一階段：金錢療癒

你有沒有考慮過直接把錢給別人，而不是借出去？你是否曾與借款人訂立還款計畫？

你與存錢的關係

你有存錢嗎？存錢對你來說代表什麼意義？如果你有存，感覺如何？你存了多少錢？為什麼？什麼時候，在什麼條件下？它是一個不錯的想法，只是你還沒有付諸實踐嗎？

如果你有存錢，一般來說，多久才會花掉？你是否花得太快，以至於不能算作存錢？

存錢是為了什麼？有具體的計畫嗎？你存錢的最大動力是什麼？或者如果你沒存錢，你認為什麼能激勵你存錢？

允許自己變有錢

你能看出你的金錢故事或世界觀中，有什麼更深層次的特徵，影響著你對存錢的感受和行為嗎？例如：你傾向於考慮長遠的未來嗎？如果你這樣做了，這是出於深思熟慮的遠見、恐懼，還是兩者都有？

你與投資的關係

你曾經投資過嗎？現在還積極的做嗎？為什麼或為什麼不呢？在這個話題上，讓你產生了什麼情緒？

如果你投資，當投資增值或貶值時，你有什麼感覺？

你如何決定要投資什麼？你有經紀人或財務顧問指導嗎？你自己做過調查嗎？你的價值觀（社會的、政治的、環境的）有發揮作用嗎？

如果你現在不投資，將來會想投資嗎？要發生什麼事，你才會開始？

你的個人金錢歷史 —— 反思提示

　　要明白每個人的家庭境遇都不相同，如果有任何問題感覺與你無關或與你的成長經歷相左，請跳過它們，繼續前進。

你的童年是在哪裡度過的？背景和環境怎麼樣？這個地方是城市、農村，還是郊區？是大城市，還是小城鎮？你住在公寓、透天厝、拖車，還是其他什麼地方？你們家是租房，還是自有住宅？你的家人經常搬家嗎？你整個童年都是在一個家裡度過的嗎？

關於金錢，你從家庭中學到了什麼？家人向你傳遞了什麼樣關於金錢的資訊，無論他們是透過大聲說出來，或是透過態度和行為無聲傳達？在你們家的經濟狀況中，誰扮演了什麼角色？

你在哪些方面承襲了母親在金錢方面的角色、關係或訊息？你在哪些方面違背了她的模式，走向相反的方向？你是如何破解或完全打破她的模式的？

允許自己變有錢

你在哪些方面承襲了父親在金錢方面的角色、關係或訊息？你在哪些方面違背了他的模式，走向相反的方向？你是如何破解或完全打破他的模式的？

你的祖父母呢？或其他撫養你的人？根據你從他們身上學到關於金錢的知識，回答同樣的問題。

如果你有兄弟姐妹，他們在家庭中的金錢方面扮演什麼角色？常見的角色包括花錢者、存錢者、可靠的知己、好孩子和叛逆者，但你可以隨意選擇你覺得合適的角色。在家庭中，你們在金錢問題上扮演的角色是相似的，還是各自扮演不同的角色？現在呢，成年之後？你的兄弟姐妹還在扮演同樣的角色嗎？

在金錢方面，你和兄弟姐妹是否受到不同的對待？為什麼？

第一階段：金錢療癒

你的血統和種族是什麼？你的家庭或祖先的文化或國家，對你小時候接受的金錢資訊有什麼影響？

你是在宗教或靈性環境中長大的嗎？你接受的金錢資訊是什麼？你的經文或教義中傳達了怎樣的金錢觀？金錢在靈性生活中處於什麼位置？

小時候，你認為自己是有錢人、窮人，還是中產階級？那是什麼感覺？你是否將這些感受帶到了你的成年生活和現在的金錢故事中？

在你的生活中，你有沒有因為金錢而經歷過痛苦的事情？它們對你的金錢關係和對金錢的態度、信念和行為，有什麼影響？

你在金錢方面有過大型的成功經驗嗎？它們怎麼改變你處理金錢的方式？

在過去的生活中，有沒有其他的事情或因素，是你覺得會影響你現在與金錢的關係的呢？

現在，這些問題都結束了，花點時間檢查一下自己。有什麼重要的發現嗎？你有什麼特殊的洞察或讓你好奇的嗎？有什麼揮之不去的想法或畫面嗎？你感覺怎麼樣？

　　我太為你感到驕傲了，你做得很好！以這種意願、好奇心和持續的專注來思考錢，是非常罕見的事，而且不只是一個小壯舉。你做得很棒！

　　在這裡暫停一下。深深呼吸，把注意力轉向自己。

　　在探索完自己的金錢故事後，你有什麼感覺？

　　你可能會感到沉重、憤怒、興奮、精力充沛、悲傷、不知所措、氣力耗盡，或上述某些情緒的交雜。也許以上這些都無法完整描述你的感覺。所有一切都很正常。你正在你的金錢之旅中逐漸進步，每個人成長的樣貌都不盡相同！

允許自己變有錢

懷著極大的愛和尊重，讓我溫柔的敦促你花些時間照顧自己，並整合自我。

身體檢查是一個很好的開始。

記住，有意識去做整合，目的不是沉湎於情緒或陷入過去。它是在幫助我們尊重我們已經發現的東西，那些年輕時的自己感到困惑、痛苦或難以承受的東西，它們被帶到你面前來，而現在你去消化並於內在整理它們。

怎麼做能讓你感到自在，能幫助你整合你目前正努力做的深入工作？在大自然中散步？抱抱你的小貓？和信任的朋友喝杯茶？你可能會發現，把你這金錢素材轉為創造性表現會有相當不錯的效果，比如：舞蹈、素描、繪畫、雕塑、音樂、寫作或詩歌。

一如既往，做那些此刻能滋養你的事，用溫柔的關愛和同情來對待自己。

價值／自我價值

對大多數人來說，價值與金錢緊密交織在一起。
從本質上來說，我們為金錢付出的許多努力，
都是為了尋找、感受並宣告我們的自我價值。

價值與金錢無關，卻又一切都與金錢有關。幾乎每個人都對自己給金錢工作帶來的價值存有疑問。

一方面，它與你薪水或銀行對帳單上的數字沒有任何關係。價值不是你賺來的東西，而是你自己。這就是為什麼我們永遠不能為你的價值定一個數字。認為你的價值可以被計算或量化的想法，實在太荒謬了。那樣的話，你的薪水必須有無限個零才行。

然而我們的價值是內在的，我們仍需要找到在當今社會中，將它貨幣化和量化的方法。我們必須獲得持續性的收入，並且以讓人感覺良好的方式，為產品和服務定價。

這些功能嚴格來說，是我們內在價值感的外在鏡子。然而根據我的經驗，我們必須從培養個人價值感的內在情緒工作開始。只有這樣，談判加薪等外部方法才會有成效。

收入不足是沒有充分感受和表達自己的價值之中，最明顯的症狀之一，而且症狀不會僅限於收入上。也有可能你的銀行裡有數百萬美元，但因為你不敢說「不」，所以每週都工作到讓自己筋疲力盡，或是背負別人的問題。這就是低估自己。相對來說，你可能每年賺不到兩萬美元，但你根據自己的價值觀和願望量入為出，而過著滿意快樂的生活。這樣的話，我並不會把這種狀況稱為低估價值或收入不足。

收入不足可能與銷售不足、表達不足、愛不足有關；也可能是給予太多，接受太少——拒絕太少，答應太多。它與你的自我價值感有關，無論這是否反映在你的薪水或職務內容之中。

發現並宣告自己的價值，是終其一生自我的成長過程。隨著時間推移，它會在勇敢的跳躍和小小的步伐中展開。它需要內在和外在的工作。

在我自己的經驗中，關於自我價值和價值感，以及它們如何相互影響方面，是個持續不斷會有新發現的過程。以下有多項要點已經反覆驗證過無數次，我相信你也會感受到它們很有用。

通往自我價值（內在）和增加收入（外在）的道路上，我所學到的十堂課

1. 界限、界限，更多的界限。我是多麼熱愛並依賴慈悲的界限的！事實上，我要用一整個段落來闡述我對界限的熱愛。請持續留意。你必須堅持你的「不」，讓你的「是」活得充實。

2. 許多年前，我發現自己陷入了跟人比較和自我批判的痛苦循環中。等到我意識到這一點，我就經常對自己重複這句偶然聽來的口訣：「我的工作就是做我自己。不多不少。」當我經歷這些金錢模式和情緒時，它發揮了非常強大、療癒的作用。

3. 認清你是誰，你不是誰。知道自己擅長什麼，不擅長什麼。不要做你不擅長的事情。沒有必要假裝。

4. 我第一次受邀進行公開演講時，整個人緊張得喘不過氣來。我嚇壞了。在演講前的幾個月裡，我見識一連串負面的自我對話（「我不聰明，我口齒不清，我無話可說……」）。我看見它們，刪除它們，又換掉它們。（「我很聰明，我能言善道，我的想法需要被聽到……」）結果是我的演講很精采，而且從此不再懷疑。刪除並替換那些對你無益的負面思維模式。

5. 專注於你的成功。你邁出的每一小步，都是勝利。慶祝每個小進展。巨大的變化就是這樣發生的。

6. 在生活的各個角落找出可感恩之處。關注好的方面。尋找它，注意它，並感激它。

7. 從錯誤或所謂的失敗中吸取養分。錯誤是成熟的學習機會，不容忽視。釐清一切並對自己懷著同情心回到正軌。

8. 照顧自己。盡情享受自我關照、健行、靜心、跳舞、交友和社群生活。有許多你能領受的禮物都是像這樣不花錢，卻能賦予你莫大滿足的。

9. 作家芭芭拉・史坦妮（Barbara Stanny）說，改變的首要前提是「願意承受不舒服」。賺更多的錢在於承受不舒服的意願。我想補充一點，當我們改變任何模式時，都會感到不舒服。這是個好兆頭。請接受這樣的伸展、拓展。

10. 愛自己。這點不用多說，就是持續愛自己，愛得更多、更深、更好。

日記

現在輪到你了：

對你來說，怎樣算是知道自己的價值呢？

在你的生命中，哪些地方你沒有表現出自己的價值？

有沒有一些時候，你對自己的價值感到堅定和自信，而有些時候，你完全貶低自己？對你來說，什麼時候／如何／為什麼產生這種轉變？

什麼阻礙你宣告自己的價值？你的腦中是否住著一個完美主義者或內在批評家？他們怎麼說？

第一階段：金錢療癒

你所擁有的錢有個上限瓶頸嗎？你最高的時薪／年薪是多少？關注它。寫出來。不需要感到羞恥。

要如何才能在日常生活中，更充分的體現自己的價值呢？（像是重新評估自己的價值？取回一些空閒時間？談判提高你的時薪？爭取升職，或者找一份更適合現在的你的工作？）

在每天的生活中，你能做些什麼來更加成長、培養和實現你的價值呢？如果感覺不舒服，允許自己慢慢來。

允許自己變有錢

5

為你的金錢故事寫出新章節

撕掉我們金錢故事早期那些篇章，

對任何人都沒有助益。

透過重新閱讀這些舊有的故事，

解開舊模式，尊重我們內在年輕的心聲，

那麼我們就可以整合並最終書寫新的篇章。

你一直都在成長、進化、學習和改變。你與金錢的關係也會隨之演進，尤其是當你有意識的在處理它的時候。

也許你的原生家庭在金錢方面有一種極度匱乏的心態，而你多年來一直帶著這種心態。但或許現在你已經四十歲了，是一名成功的企業家，你在財務世界裡，已經比較容易感覺自信和豐盛。

也許你一生中大部分時間都在迴避金錢，或讓別人來為你打理錢財——無論是你的父母、配偶、會計師。但在過去幾年裡，你開始接觸金錢了。

你現在做的是非常深入的改造工作，是時候更新你的財務身分了，從一個逃避金錢的人，轉為勇敢與錢做朋友，並開始了解它。

我們有能力在自己的金錢故事中書寫新的篇章，只要我們願意。

此時此刻，我們可以回顧痛苦的過去，重新構建它們，或領受埋藏在其中的禮物。接著我們可以抽離，用更宏觀的視野，視父母處理金錢的方式為他們自己的成長、挑戰、血統──以及他們的生命禮物。

在我們的金錢故事中寫下新的章節，通常需要先完成舊的章節，像我們剛剛做的那樣，正視它們，從中學習，並有意識的讓它們透過這樣的儀式結束。

這樣的釋放是很美好的。循著引導，我們尊重金錢故事中這舊有的部分，擷取它們的智慧，同時溫和俐落的斬斷關係。爬梳你的金錢故事，將不再適合你的部分釋放掉，這個過程很重要、具有挑戰性，也很美好。

不寬恕，我們就無法真正療癒傷口。

寬恕總是有兩個面向──放手和繼續前進。
放棄舊有的金錢信念，
選擇我們想要帶往未來的新信念。

回到你在第四章中填寫的「金錢故事」部分，再仔細讀一遍。

你樂於接受什麼樣的教導？你想保留什麼？

審視那些已經對你不再那麼有幫助想法或做法。哪些部分需要重新設定，或更新？

花點時間反思一下。你希望你新的金錢故事包括什麼？利用這個空間來探索它可能的樣子和感覺。

回顧並尋找各種方法，再小的方法都好，在日記中用它們來鞏固新的金錢故事。

金錢療癒儀式

生命是愛的儀式，
生命是結合的儀式，
生命是神聖的舞蹈。

～維許瓦思・夏凡（VISHWAS CHAVAN）

我熱愛儀式。我特別喜愛我們為了自己的療癒而創造的那些儀式，而且特別喜歡我們為金錢療癒所創造的那些儀式！

儀式是一種工具，可以幫助你改變能量、意圖，以及你與需要改變的事物的關係。在你探索自己的金錢故事，並開始有意識的構建你與金錢的關係時，儀式會幫助你把湧現出來的洞見和欲望融入你的生活。

金錢療癒儀式，是我最喜歡的一種讓人改變的方式，它是用愛自己，而不是羞辱或責罵，來讓自己改變。

對某些人來說，或許會感到儀式這種想法聽起來很愚蠢。你可能也會懷疑它到底有多重要，或效果有多好。也有可能這個概念讓你很有壓迫感不知如何著手，即使這概念已激起了你的好奇心。

如果你聽到內在告訴你這是適合你的東西，我鼓勵你去傾聽、去嘗試，並繼續讀下去。而且如果你是個對儀式的意味感到著迷的人，那麼這正巧就適合你。

儀式最棒的是，它可以非常簡單、平易近人、有意義，而且又非常有成效。在這個脈絡下，儀式就是用來標記改變的典禮。

過渡、隱喻上或字面上的死亡和出生、啟蒙，任何重大的變化，都是進入療癒儀式的有力邀請。當你創造和設計自己的儀式時，可以無邊無際，你可以讓它看起來、嘗起來和感覺起來都像你想要的模樣。它是你專屬於你的

儀式。

　　我第一次偶然發現儀式，是在我二十多歲的時候，當時我正因失去男朋友陷入悲傷，我深愛的男友在很年輕的時候，就結束了他的生命。在尋求治癒的過程中，我發現自己夜不成眠，一邊放著震耳欲聾的音樂，一邊在燭光下跳舞。我從內心深處認知並意識到，我需要透過某種儀式，來讓自己再度感到完整，透過某種舞蹈的釋放，來讓自己回歸正常生活。在沒有意識到自己在做什麼的情況下，我設置了一個回憶的祭壇和空間，來抒發並療癒自己。

　　我個人經歷和多年的專業工作都在在見證，儀式是療癒、成長和禮讚的入口。在其中，人們獲得支持的力量，穿梭局限的時空，它搭建了一座橋梁，讓我們從現有的生命故事，跨入全新的人生篇章。

　　在我金錢工作的背景之下，我認為儀式是金錢療癒階段的一個關鍵要素。在其中我們將深入探討金錢關係中的情緒、歷程和心理等各層面。我們拋開對金錢的羞恥感，讓它坐在我們身邊，也許是後座。我們傾聽並給予大量的寬恕、愛和同情。我們的目標是理解並療癒我們的金錢故事，這樣我們就能愛自己，走向改變，並進入一些更實際層面的金錢工作。

　　金錢的儀式可以很簡單，比如：當你還清汽車貸款或助學貸款時，你可以和所有朋友開個派對來慶祝。它可以是私密的個人行為，沉浸在重大的意義中，輕鬆快樂、好玩的、安靜的，或者兼具其中任何條件。或許你也可以花點時間，為你的儀式做準備，比如：在開始之前盡情泡個澡，穿上你最好的衣服；或者你也可以選擇一首歌曲或閱讀，來幫助你進入這個神聖的空間。

　　我們為自己選擇的儀式非常強大。「金錢的藝術」社群成員分享的做法是，他們進行自己的儀式時，一開始會先做身體檢查，穩定好自己。然後他們會像對待小孩一樣，妥善照料身體檢查過程中遇到的所有負面情緒或阻力。他們對羞愧、焦慮或心理障礙表示感謝，並溫柔的提醒那些難纏的感覺，做這項工作很安全。他們還會在每個儀式結束時，給予自己獎勵或慶

祝，以表彰自己的工作。

　　這個練習是為你準備的，所以泡杯你最喜歡的舒緩茶，點燃香氛蠟燭，帶上你的水晶、鼓或舞鞋。放些音樂讓你穩定心緒、與現實連結，然後拿著你的日記本和最喜歡的筆，寫一封信給你的老朋友──金錢。你想說什麼？你想要什麼樣的感覺？讓自己自由自在，創造屬於自己的神聖練習。

　　我鼓勵我所有的學生去構思設計一個療癒儀式，來緩解、加速和加深這個過程，這確實是我們金錢療癒之旅中，最有效的工具之一！

　　現在我們已經準備好了，請允許我為你們加油。

　　寬恕和完成，是我們在金錢療癒之旅中最有力的目標。它們支持我們釋放過去，紀念我們生命一個篇章的完成，允許舊的外殼脫落，並完全進入下一個篇章。

原諒。終結。釋放。放手。

原諒自己、原諒父母、原諒祖先所做的和沒做到的事。
為你從未擁有和但願不要擁有的感到悲傷。
放下憤怒、傷害、後悔、羞愧和困窘。
終止這個循環。結束這個篇章。
祝福它，感謝它，然後放手。
寬恕若能讓你獲得一點點的釋放，那麼再小的寬恕都非微不足道。

寬恕儀式 / 寬恕的禮物

　　進行儀式我們宜帶著溫柔、慈悲的好奇心──除非你覺得有必要，否則不需太嚴肅。回顧你的財務生活的主軸、重大事件、重要人物和情緒上關鍵的經歷，就像我們剛剛探索的那樣。透過以下問題，開始列出你想要原諒和放下的人和事。

你對誰或什麼事感到生氣或怨恨？你對他們有這種感覺多久了？

你對自己有什麼怨恨或委屈？你有這種感覺多久了？

你感覺自己可以原諒什麼人、什麼事情？

對你過去的決定和行為，懷抱同情心。
畢竟，你若一直強逼或挑剔自己，
那麼努力更新你的財務生活，
又有什麼意義呢？

如果你不打算原諒某個人（或你自己），為什麼？

你可能會需要一段時間，才能找到回答這些問題的節奏。在你一步步完成這些任務時，你會發現自己正在累積動力。在接下來的幾天或幾週裡，你也會發現自己意識到或想起了其他需要原諒的事情。記住，這是個過程。按你自己的節奏走。要有耐心。別忘了溫柔點。

完成儀式 / 完成的禮物

從你現在所在的地方開始。把握這個機會，找出你現在準備釋放的金錢信念。感謝每一個在過去設法為你服務或保護你安全的信念……接著放下它。如果感覺不錯，接著找個新的、更有支持力的信念來取代它。

當我們釋放掉陳舊而窒礙的金錢信念時，

我們心中就有了空間，

可以自由選擇創造更快樂、更健康的信念。

舊信念，新信念，下一小步

舊信念	新信念	下一小步（如果有需要）

　　在你不斷釋放舊信念時，你會發現越來越多想法湧進你的意識中。它可能發生在你開始列清單的時候，也可能需要更多時間來處理。此時不要著急，沒有必要匆忙，你可以在任何有感覺的時候，重新審視這張清單。

唯一「對」的時機，就是你所決定的時機。

深呼吸。

你正處在你應該在的地方。

慶祝一下。

　　我們經常達成一個成就便跳到下一個挑戰，中間沒有休息。我們需要花時間來慶祝成功，這樣我們才能與它們融合，並欣賞我們生活中的美好。慶祝是令人振奮的，它重新激勵並推動我們前進。

　　現在花點時間，回顧一下你這些金錢功課自我對話筆記，到目前為止的進展。

　　最大的轉化通常是無聲的、精微的、內在的：深度的自我信任和同情。

　　　　終於原諒了我們的父母，放下了過去的傷痛和怨恨。

　　　　宣示自己的價值。感覺更自在，對身體和生活更安心。

　　你在金錢關係上有過什麼成就？你有過什麼內在的、情緒的轉變或洞見？你採取了哪些實際可行的外在步驟？

　　發生了什麼或大或小的變化嗎？你經歷過什麼樣的釐清、療癒、平靜或私密的經驗？你在哪方面變得勇敢，又做過什麼，說過什麼，嘗試過什麼呢？

　　金錢之旅還在進行中，所以我們必須慶祝沿途的每一次成功。

為所有勝利慶祝

不管它看起來有多小、多精微或不足為外人道……慶祝都能發揮莫大的價值！

1

2

3

4

5

6

7

8

9

10

第一階段：金錢療癒

還有其他什麼事情可以慶祝？

來吧，我敢說你能想到更多！

允許自己變有錢

你怎麼慶祝呢？有很多可能的方法，其中一些你已經在做了，而沒有把它們稱為「儀式」。當你想要享受一下生活時，你會做什麼呢？來個頹廢的泡泡浴，還是一杯好酒？請自己吃一頓特別的晚餐，或和朋友出去玩？在客廳開派對？一個人靜靜度過美好夜晚？在大自然中健行？還是別的？認真思考如何以或微小或盛大的方式來慶祝，並開始經常練習慶祝。在這裡列出你的想法：

1.

2.

3.

4.

5.

微小的進步很美好。

隨著時間推進，小小的變化日積月累，會帶動巨大的轉化。

緩慢而輕柔的步伐，往往會帶我們走得更深，最終走得更遠。

親愛的金錢探索者，歡迎來到這趟旅程的第二階段。

現在我們將從金錢療癒的深層情緒工作，跨越到金錢練習的基礎部分。

我們進入數字和系統的疆域，領取我們的工具。

我們建立一個永續的框架，來實現我們的目標和抱負。

我們學習金錢的語言，賦權自己獲得所需的幫助。

我們尋找資源來開拓前進的道路，讓我們與自己內心深處的價值觀對齊。

我們搭建一座健康、有意義的習慣橋梁，通往我們的未來。

允許自己變有錢

金錢練習

MONEY PRACTICES

金錢練習，是種自我照顧練習

金錢練習，名詞。

以前的定義：一件壓力很大、非常乏味的事；一件我雖討厭它的一切，卻應該做的事。

新定義：我所做的每一件事，都是為了讓我與金錢的關係更清楚、更安心、更成功。而且我持續不斷的做。

不斷進化，專屬於我，富含益處。在金錢練習之中，我找到能讓自我意識更加完善的持續性回饋，也讓我與自己的價值觀和意圖無比諧和。我盡全力設法支持自己的金錢練習，而它也反過來支持我，讓我生活的時時刻刻和方方面面都更加提升。

自我照顧練習到底是什麼？

在我所居住的美麗山城科羅拉多州波德市，人們特別常使用「練習」這個詞。在我們帶著愛暱稱為「波德泡泡」的這個地方，大家談論各式各樣的練習：靜心練習、瑜伽練習、健康飲食練習、有意識的性愛練習、園藝練

習、日記練習，或者真實溝通練習。

雖然這聽起來或許有點太做作，但它指出了一個重要的真理：我們可以拿生活中任何面向或習慣為焦點，用意圖、意識和帶著同情心的自我要求來豐盈它，並獲取深刻的回報。

自我照顧並不只是一種待辦事項清單，它對我們保持愉悅、理智和成長非常重要。當我們花時間去愛自己、充實自己，就能重新找回自己的本性，也讓我們更有辦法在這世上發揮天賦。

對我來說，自我照顧會是舒緩的薰衣草鹽浴，或在最喜愛的山路上健行。對你來說，最喜歡的可能是和朋友跳舞、去按摩，或者大聲唱卡拉OK。又或者是跟這些完全不同的其他事。不過應該不會是跟計算機和記帳程式有關吧。

但如果你能把「金錢事務」變成一種放縱的自我照顧練習呢？如果它能像泡泡浴或任何你懷想的事物一樣奢華呢？如果你真的很期待金錢練習，因為它讓你感覺更快樂、更有活力、更專注當下呢？如果它可以奠基在你最珍視的價值觀上並進一步強化它呢？如果它能將你與自己、周遭世界，甚至你的靈性（無論你如何定義靈性）更加緊密的連結在一起呢？

當我們把與金錢的互動當作一種自我照顧練習時，所有這些都是真的有可能實現的。我們來看看這到底是什麼意思。

自我照顧練習，是你為了支持自我成長，
有意識、帶著意圖、定期去做的事情。
它是個健康的習慣，它的效益隨著時間日積月累。

我所知道的每一種自我照顧練習，都含有以下三個關鍵成分。

首先，練習是指你一遍又一遍去做某件事，在理想情況下，隨著時間你會越做越好。

其次，在某種程度上，每種自我照顧都是有支持力和有益的。這些好處可能是身體上、情緒上、心理上或精神上的，或者兼具了某幾個層面。

定期的金錢練習，會為你的財務世界創造奇蹟。透過記錄收入、支出和儲蓄，你可以更有意識的管控生活中的這些面向，並使它與你的價值觀更緊密的結合在一起。這種程度的工作讓我們能夠創造一個自我照顧的神聖空間，沉浸在美好、舒適和喜悅中。

在這之中你可以決定你想要注入什麼品質到你的生活和金錢運用上。此時你會更真實的與自己和你的抱負連結在一起。好處還不止於此，定期理財還可以增強你的自尊感，加深你的安全感，加強你的親密關係。

一個好的自我照顧練習，能把我們與自己、與他人、與我們的靈性更緊密的連結在一起。這主要歸功於個人練習的重複特性。

如果你一遍又一遍做同樣的金錢練習，它就會反映出你如何隨著時間而成長和改變。你可能會更深入、更全面的了解自己，以更平和與愉快的心態去面對你的人際關係。

跟所有美好的自我照顧練習一樣，你的金錢練習可以是一個訓練場，讓你加強情緒誠實度、正念素質，以及對自己與他人的同情心。一個成功的金錢練習，是一項你持續進行的挑戰。它除了滋養你的財務狀況，更重要的是，它還讓你與自己、他人以及周圍的世界，更加緊密的連結在一起。

與金錢練習一樣重要的是，我們如何練習，這可能更關鍵。

日記

花點時間反思一下：

你目前是如何理財的？你有定期審視數字的習慣嗎？

說到自我照顧，會讓你想到什麼？你現在是如何照顧自己的？你想怎樣照顧自己？

如果你開始把理財看作是一種自我照顧的做法，那會是什麼樣子？感覺起來如何？

第二階段：金錢練習

什麼是金錢約會？

金錢約會是挪出時間和空間，讓你與金錢連結起來，強化你與金錢的關係。而這也就是金錢練習的核心。

在這過程中，我們培養出好的習慣，我們變得更誠實、更明確和更強大。

這種約會一開始可能不像其他的約會那麼令人興奮。但它比「制定預算」或「支付該死的帳單」或「把頭埋在沙子裡」有趣多了。

金錢約會可以感覺很溫柔、神聖、好玩、極簡主義，也可以很昂貴；可以獨自進行，或與你的愛人、事業夥伴或朋友一起；可以快速或極為冗長。任何時候你勻出時間來審視金錢關係和金錢本身，都可稱為「金錢約會」。

這是一種定期的、持續的做法，為你與金錢的關係注入活力。相信我，金錢約會能改變一切。

金錢約會有三種可能的層次，你可以在每次約會中全都做到，或者一次只做一件。由你來決定怎樣做比較適合，打算做些什麼，怎樣會讓你感到舒適和歡喜——這是你的練習，是你的旅程。

1. **練習層面**——採取行動的階段。這就是記帳和帳單的範疇，誠實看待你手上的真實數字、核對收據、追蹤支出和收入、盤點股票、聯繫銀行和保險公司……等等。

2. **情緒與心理層面**——感受、命名和轉移金錢情緒的地方。當我們探索

並重新定義所有金錢信念、模式和動態時，我們就是在這個層面上運作。

3. 靈性層面──探索金錢承載更深層價值觀之處。我們將深入研究金錢與信任、慷慨、豐盛、感激和慶祝之間的關係。

為了與金錢建立健康而充實的關係，我們必須從每個層面上進行常規的練習。如果我們只關注實際問題，我們可能會被情緒抗拒或無意識的模式所劫持。如果我們只關注靈性洞察，我們可能會發現自己陷入嚴重的經濟困境。一個健全的金錢練習，會一一參與三個層次，它們也會隨著你的旅程逐一改變和成長。

開始進行金錢練習 ── 每週的金錢約會

我建議以每天、每週、每月和每年為基礎，定下金錢約會。但是為了符合本書設定的目的，我們將專注於每週的金錢約會。這個練習是個絕佳的起點，讓你與錢更加親密。

當我們有個金錢約會，要知道如何和什麼一樣重要。

記住：你的金錢練習是關於賦權、覺察和享受。
絕對沒有必要感到沉重或嚴肅，
更無須覺得內疚、無措或自我批評。

所以無論你做什麼，讓耐心和溫柔成為你在這段旅程中最親密的夥伴。以一種悉心照顧自己的方式，進行你的金錢練習。在其中注入你的個性和喜好，讓它們成為你的。

我們從每週的金錢約會開始。每週的金錢約會不需要很辛苦或很長時間，你可以在二十到三十分鐘內完成很多事情，如果你願意，甚至一個小時也行。與所有金錢練習一樣，關鍵是一致性。所以設定你的目標，讓它可行，然後行動！

二十七種方法打造屬於你的金錢約會

1. 開始的時候，點支蠟燭揭開練習空間。金錢約會結束時，吹滅蠟燭，象徵時間已到。

2. 播放一些你喜歡的音樂，讓自己慢慢暖身。想辦法讓自己感覺進入最好的狀態。

3. 清理你的書桌，創造一個乾淨、平靜的空間。清空的桌子能讓你頭腦清醒。

4. 從意圖開始。清楚的表達你這次的期望以及優先事項。「在接下來的一個小時裡，我想如實善待自己。只要我發現自己變得焦慮，就要記住我正在學習，我並非什麼都懂也沒關係。我為自己的赴約感到驕傲。」

5. 處理財務待辦事項。把本週留存的收據輸入並歸檔。在你的追蹤系統中檢查這些數字。上網檢查你的帳戶餘額和款項進出，確保沒有什麼不尋常或不正確的地方。支付帳單。在帳戶間轉帳。

6. 升級你的記帳系統。我不確定有多少人還在使用多年前別人強推給你但你一直覺得難用的試算表。你可以升級了！花點時間研究 Mint、YNAB、MoneyGrit、Quicken、QuickBooks 這類帳務追蹤系統，找出一個你感覺願意學著使用的。

7. 學習使用記帳系統，去做！不要只是下載它，然後期望你會神奇的知道如何使用它。花點時間看些影片說明，或僱用一位記帳教練來教你如何做。

8. 重新思考你的消費類別。你或許會想要一個完整的「自我照顧」類別，保留給針灸、按摩和健身會員支出。又或者你渴望更多的人際連結，你也可以留一些預算和朋友一起吃飯或看電影。

9. 決定在與錢有關的談話中，你想要怎樣表現。就算你是打電話跟信用卡公司爭論某筆費用，你也可以決定在電話這頭，用溫暖友好的聲音說話，甚至努力讓他們笑！

10. 動動你的身體！當你開始感到僵硬和焦躁不安時，可以休息跳支舞，或是在開始之前做一些溫和的瑜伽或氣功。

11. 吃點黑巧克力就當順勢療法。或者盡情享受最吸引你的美食！

12. 邀朋友一起。你們可以約在咖啡店見面，敘舊幾分鐘，然後每人花一個小時處理金錢方面的問題，結束後彙報情況。選擇一個值得信賴的朋友！

13. 事前聽些與金錢有關的東西。事先激勵自己。對了，你知道我有一套完整的 Podcast 嗎？去 baritessler.com 收聽吧！

14. 消滅「金錢漏洞」。你還在為以前的健身房會員或你不用的 Hulu 帳戶付錢嗎？

15. 檢視你的財務支持團隊（簿記員、會計、財務規劃師、財務治療師等）。你的團隊裡有誰？是時候添加或更換成員了嗎？

16. 確認你的價值觀。了解自己的價值觀以及它們如何變化相當重要。現在對你來說，什麼東西比一年前更重要，以至於你願意在它上面多花一些錢？也許你現在需要更多的自我照顧，或房子在你出售之前需要修理。仔細聆聽。提高警覺。

17. 檢查金錢的各面向，支出、收入、儲蓄、債務償還和投資。你現在最想關注和學習哪些面向？你不需要一次解決所有問題！

18. 表揚你的優點。說到錢，你最擅長什麼？我們天生就會關注負面的事情，但選擇正面的事情，反而能夠強化它們！說出你的成功。從平凡到非凡，它們都是人生旅程的一部分，都值得認可和慶祝。

19. 做「身體檢查」。這種基本的練習將幫助與自己更有連結，同時為你所有的情緒騰出空間，無論是難受的還是美好的。

20. 在金錢約會期間，至少再做一次「身體檢查」。（是的！我再重複一遍！這很重要！）注意你的身體、情緒和思想有什麼感受。帶著同情的好奇心去觀察。深呼吸。暫停。然後繼續。

21. 檢查你的慷慨。如果你現在可以慷慨的為任何事業或團體做出貢獻，你會做什麼？你願意安排這件事嗎？你是否已經做出了貢獻，但感覺有點不舒服，你想要收回或暫停？有其他非金錢的方式能表達你的慷慨嗎？

22. 列出十件你想在未來六個月裡，微調或改善金錢關係的事情。不到十件也沒關係。也許你想學習使用記帳程式，找個夜晚探索童年的金錢記憶，或是以不同的方式思考你的業務支出。我一直都在調整我的金錢練習，這種努力永遠「做不完」，這沒關係！

23. 找出你想要改變的消費習慣。這沒有一體適用的答案！像是我有一些學生驚訝的覺察到，他們非常自我剝奪，而且顧慮太多，然後也發現放任自己一點，真的會讓人感覺很有力量！這可能需要一些時間，但請保持好奇心，開始去注意適合你的消費模式是什麼。它們可能和其他人的都不一樣。

24. 重新定義「錯誤」。當我們學會以全新的眼光看待負債時，會發現許多負債實際上都是隱藏的資產。你是否從一個「錯誤」中學到了重大的教訓，或因為正在償還債務，而經歷著驚人的、改變人生的冒險？想看看可以怎樣轉變自己的視角，從這些經歷中發現正向的一面。

25. 關於你的金錢關係，現在有什麼值得慶祝的呢？這一點太重要了，而且我深信你若仔細看，一定能找到東西。列出十件值得慶祝的事情，是的，光是有金錢約會，就是一個巨大的慶祝理由。

26. 把時間花在這本書與實作練習上。透過本書所分享的練習與實踐步驟，來進行你的金錢功課。也可以重讀你覺得別具意義的段落內容，然後坐下來，想想它對你說了什麼——以及你有什麼感覺。

27. 以感恩祈禱或對你有意義的事情收尾。比如，慈愛的靜心：「願眾生健康。願眾生幸福。願眾生免於苦難。願眾生都和平。」

記住：每次與金錢的接觸，都是讓你變得
更有自我意識、更有同情心、更有能力的機會。

讓我們開始探索，如何讓你的金錢約會對你個人產生重大意義。

你要在哪裡進行每週的金錢練習？請為這萌芽中的新行為和新關係，找個實體空間。

你希望這空間給你什麼感覺？什麼樣的特質、情緒或能量，會支持你的金錢練習？例如：平靜簡約能幫助你放鬆並集中注意力嗎？鬱鬱蔥蔥的那種美感能讓你安心嗎？還是你想要有舒適、好玩、神聖、放鬆、落實或清明的感覺呢？把想到的特質都寫下來。

你可以如何布置你的空間或擺設物品，來展現這些特質呢？哪些元素或物品能支持你想要的這些感覺？

允許自己變有錢

利用以下問題來協助引導並激勵你建立你的個人練習。

在本週的金錢約會中，你打算做些什麼？

你打算什麼時候做？把你的金錢約會寫在日曆上！你可以安排它，甚至充滿期待！

在你的金錢約會中，你需要什麼工具或輔助品，來獲得更好的支持？

你要如何讓它充滿創意、快樂、奢華和愉悅？

追蹤：事情進行得如何？在你的金錢約會中，最後你真正做了哪些事？

你在金錢約會上花了多長時間？

你學到了什麼？

下次你能做些什麼，讓它更好或更有趣呢？

開始做金錢練習，總是會有道學習曲線。

請不要因為不知道如何在第一天，甚至第一百零一天，

完美的完成每件事而責備自己。

金錢練習反思頁

你的每週練習，這個月實際進行了幾次？

有沒有遇到什麼困難？有值得慶祝的事嗎？

支持著你的堅持和成功的是什麼？又是什麼阻礙了你？

在這星期中，你做日常練習時出現什麼樣的感覺？對金錢整體來說又有什麼感覺？

第二階段：金錢練習

對於你的每週練習，有什麼是你想改變或調整的嗎？你能做些什麼，來讓它變得更好——更有效果、產生更大效應、更真實或更有趣？

從你的金錢約會中，關於你和金錢的關係，你學到了什麼？

別忘了慶祝並感謝自己參與這些金錢練習。

為自己出現在這裡、親自赴約感到驕傲。

勻出時間和空間到金錢練習中，對你自己和整個生活來說，真的是種深刻且充滿愛的行動。花點時間真心感激自己，以及生活中支持你完成這項承諾的人或因素。

為大家獻上黑巧克力吧！或者任何你覺得吃起來像是在慶祝的東西都好！

身體檢查

練習 1　**在金錢互動之前**

我感覺⋯⋯

我的想法、直覺、領悟⋯⋯

練習 2　**在金錢互動之中**

我感覺⋯⋯

我的想法、直覺、領悟⋯⋯

練習 3　**在金錢互動之後**

我感覺⋯⋯

我的想法、直覺、領悟⋯⋯

8
根據價值觀來記帳

我們已經討論過了金錢練習，並開始每週進行這些練習。但是如果你沒有某種系統來追蹤你的數字，也不知道自己的立場，那就很難維持你的金錢練習。

各位，那就是記帳系統的任務啦！它只是個記錄你的收入、支出和儲蓄的工具。真的就是這麼簡單——即使你現在並不感覺那很簡單。我們會做到那樣的。

為了追蹤你的財務數字，你需要先選擇一個記帳系統並學習如何使用它。這件事沒有商量餘地。

我在我的書還有為期一年的金錢課程「金錢的藝術」中，詳細介紹了這一點，在本書中我也會告訴你一些基本知識。沒有哪個記帳程式是絕對完美或正確的，你只需要找到一個你能使用自如的就好，別擔心。

以下是一些你可以考慮的記帳程式：Mint、YNAB、MoneyMinder、Quicken（個人），QuickBooks and Wave（公司），Excel 和 Numbers。

我看到很多人執著於選出一個系統而停滯不前。事實上，我自己也做過這種事。

選擇這麼多，我們不知所措，想要選出「最完美的那個」。我們因為權衡不同系統的優點、缺點和特性而被困住，還錯誤的認定，無論我們選擇哪

一種，都必須堅持一輩子。以上這些都讓我們緊張起來，忘記了要讓記帳變有趣、好玩、有創意和有意義！

現在就告訴你們：就選一個，然後開始使用它。

小小的步驟。你能做到的！

學習記帳系統需要時間，有時會需要幾個月。

給自己三到六個月時間，進行每週金錢約會，然後帶著你在金錢關係中，已經開始培養出的愛的意識，讓自己輕鬆的記帳。

如果你決定使用某個記帳程式，不要只是下載它，花點時間實際學習如何使用它。有些系統簡單有些較難，你自己摸索用法，或觀看它的影片教學（例如：Mint 和 YNAB）。但是很多人會需要一個好的記帳教練（是的，這些天使是存在的），特別是如果我們正在學習 QuickBooks、MoneyGrit 或 Quicken。需要求援完全沒問題！獲得支持更是件美好的事，慶祝它吧！

這時讓我略提醒你，請按照自己的節奏走。允許自己去獲取你需要的支持，對自己施以耐心和同情——這需要勇氣。但是不要讓這些阻礙了你，因為這項工作也可以給你深刻的力量！你在學習，尊重這段旅程，給自己恩慈與愛的鼓勵。

並沒有選了錯誤的記帳系統這樣的事。

不要給自己太大壓力，允許自己去嘗試。

你可以隨時間改變你的工具和練習。

就把這當成是你身下燃起的愛之火吧。你真的可以做到！不管你的數學

好不好，不管已經花過多少時間，不管你是否曾用過某個系統卻又半途而廢，現在你已經準備好重新開始了。即使你從未記過帳也都沒關係。

根據價值觀來記帳

雖然我不能在這本書中教你如何使用記帳系統，但我可以告訴你，如何使你的記帳變得更有趣、更有創意、更有意義。

如果你認為記帳枯燥乏味，甚至一想到試算表，就會讓你昏昏欲睡，那麼這個方法就是為你準備的。

我發現，將價值觀帶入金錢關係，一個最簡單、最深刻、最有趣的方法，就是在我們的記帳系統中重新命名分類。如果你還沒有帳戶追蹤系統，也不用擔心！你仍然可以做這個練習，為將來要用的系統做準備。

> 如果想和你的記帳系統成功的建立起美滿的關係，
> 你必須把它和個人價值觀連結起來。

金錢總是與我們的價值觀交織在一起，所以如果我們不尊重這一點，我們的熱情就會急遽下降。這種狀況對誰都沒好處，所以是時候採取新方法了。如果你對開始記帳有一點點的抗拒情緒，那麼重新命名這概念可能會讓你開心些。

是時候來點有趣的了！你可以先看看你的支出，問問自己是否能為其中

哪個項目，找到更有意義或更有趣的名稱。例如：你可能不會覺得「房租」是你的某種個人價值觀，但當你把它重新命名為「我的個人避風港」時，就有可能意識到它對你有多重要。

又或者你可以先看看你的價值觀清單，看看有哪些支出已經在它們上面了。「社交」是一個核心價值，其下若包括旅行、電話、網路、和朋友的晚宴，重新檢視它們全都屬於社交嗎？

你不需要替所有內容重新命名。但一定要嘗試一下，至少當成思考練習。如果你在月帳簿紀錄中看到的是「愛的小屋」，而不是「貸款」，會有什麼感覺。

你的支出是使用價值觀記帳法的主要地方，但你也可以在其他金錢領域使用這種方法：你的收入、投資、儲蓄、禮物等。

對我來說哪些是很要緊？什麼是最重要的？什麼是有益和有意義的？你可以把你的價值觀用單個詞彙或短語列出，只要你覺得合適就行。也請想想那些目前還不是你生活的一部分，但你想開始慎重考慮的價值觀。自我照顧呢？創造力？家庭？擴展？慷慨？

在我人生的這個階段，我最看重的是什麼？列出十件或更多事情。

1.

2.

3.

4.

5.

6.

7.

8.

9.

10.

允許自己變有錢

你每個月各項費用的支出是多少呢？根據你有多少時間、體力和金錢，你有可能會花上幾個月的時間去查看確認出這些數字，或者你也可能從做些估計開始。

捫心自問，你的靈魂價值觀和現實支出，是否相稱呢？

確認你的價值觀，記錄你在這些事情上，

到底花了多少時間／體力／金錢。

採取行動，讓夢想成真。在你的金錢追蹤系統中，

哪些支出、儲蓄或收入類別可以重新命名、重新想像或重新設定，

以便反映這些價值？

需要尋找些靈感嗎？在開始之前，先看看「想像你價值觀導向的支出表」。

想像你價值觀導向的支出表

支出	另外的名字	後備選項
汽車	風火輪	探路者、可靠坐騎、移動
汽車保險	心理安全	安全門、備援計畫、逃生路線
汽車貸款 / 款項	汽車基金	購車旅程、自由行動、消失風中
汽油	啟動	推進力、保持行進、持續運轉
維護＆修理	汽車更新	機甲檢查、汽車水療日
證照 / 註冊	通行證	ㄅㄨㄅㄨ證書、ㄅㄨㄅㄨ文件、移動證、自由券
捐獻	回報社會	社區打造、伸手幫忙、意識社群
可抵稅的捐獻	共同前進	共同成長、感恩禮物、未來基金
其他捐獻	感恩慷慨	社區分享、心的禮物、財富分享、慷慨旅程
創意	創造靈感	海妖之歌、謬思之心、藝術表現、選擇靈感
藝術用品	藝術家的工具箱	道具表、創造工具箱、藝術家之眼、視野工具
藝術課程	創意社群	激勵學習、藝術天堂、藝術根源、向外連結
戲劇 / 舞蹈課	自我表現	律動自由、表達自己、跳出自我、大聲表現、展現才華
財務		
退休 / 投資 / 長期儲蓄	彈性存款	遺產、安全網、歡樂未來、鋪路
銀行手續費	謹慎銀行	系統扣款、數字追蹤
信用卡財務費用	彈性	提早存取、彈性空間、呼吸空間、後備計畫

允許自己變有錢

支出	另外的名字	後備選項
貸款利息	感謝未來	感恩文憑、未來果實、感恩成長、選擇向前
娛樂消遣	嬉戲時間	放鬆、連結、與朋友嬉戲、尋找喜悅、選擇喜悅
藝術與文化	藝術是人生	創意觀點、藝術啟發、我的謬思、人生是藝術
外出用餐	聚餐	滋養＋連結、人脈用餐、餐聚
電影	觀影喘息	娛樂觀影、螢幕喘息、電影探險、家庭影片時間、爆米花派對
音樂／演唱會	徜徉音樂中	動起來、揮灑最佳狀態、音樂性、玩玩音樂
娛樂設備	玩樂配件	準備好玩樂、玩樂時間工具箱、娛樂時間玩具、投資娛樂、未來有趣時光
娛樂	胡鬧一下	自由有趣時間、自由玩樂、選擇玩樂、玩樂派對、與朋友一同娛樂

　　現在，先喝杯舒緩的茶，然後運用以下的表格，來打造屬於你的類別。鬆動你的肩膀，深呼吸。放點讓你感覺良好的音樂，並允許自己玩一玩！

　　瘋狂點！讓這件事令人感到振奮和輕鬆。這是個好玩的部分！

　　從一個粗糙或不完整的草稿開始，讓它在你的腦海裡醞釀幾天。記住，這裡沒有什麼是固定不能改變的，你可以根據需要重新審視、改變和調整！

　　制定一個每月的金錢約會，來審視你的類別，並隨著你的成長調整標題。要有創意，保持輕鬆，玩得開心！

　　根據價值觀的記帳是一種強大的方法，可以讓你每天都懷著希望去實現夢想，一次一小步。

價值觀導向的記帳

支出項目	價值觀導向的命名
汽車	
汽車保險	
汽車貸款 / 款項	
汽油	
維護&修理	
證照 / 註冊	
捐獻	
可抵稅的捐獻	
其他捐獻	
創意	
藝術用品	
藝術課程	
戲劇 / 舞蹈課	
財務	
退休 / 投資 / 長期儲蓄	
銀行手續費	
信用卡財務費用	
貸款利息	
娛樂消遣	
藝術與文化	
外出用餐	
電影	
音樂 / 演唱會	
娛樂設備	
娛樂	

允許自己變有錢

9

靈性金錢練習

我們已經談過了以自我照顧為基礎的金錢練習，在實際和情緒方面的做法，接下來談談靈性練習，你可以把靈性融入到你每天、每週、每月和每年的金錢關係中。

秉持正念和用心，即使是在支付帳單或核對帳目，也可以成為一種真正的正念練習，將你最完整、最本質的自我，展現到這個世界上來。

多年來，我一直都依賴著四種基本練習，來支持這種更深層次的金錢工作，分別是：慷慨、信任、繁榮和感激。把它們看作是深入的提問，是尊重你生活中發生各種事情的方式，或只是你在金錢和生活之旅中，考慮並牢記在心的有趣觀點。

慷慨

在許多宗教和靈性傳統中，都鼓勵慷慨，甚至是定期奉獻。我認為所有這些訊息的核心，都有一個美好的教導：無論是我們的時間、體力，當然還有金錢，我們都應該盡己所能的慷慨付出。「盡己所能」是重點。

如果對別人的慷慨會傷害到你，那就不是真正的慷慨。

你是否有資源能做出經濟貢獻？

有哪些非金錢的方式可以表達你的慷慨：貢獻你的時間或服務？

什麼樣類型或風格的貢獻能與你的靈魂呼應？是禮物還是捐款？在下方發揮創意。

　　「金錢的藝術」社群的成員們，都以不同的方式練習慷慨，從同理傾聽朋友的傾訴，或開車接送老人去看醫生，到做三明治送給那些為居無定所辛苦過活的人。

　　慷慨的練習以非常真實而溫和的方式，指引我們理解一個深刻的真理，即我們與他人及我們共同擁有的世界之間，有種與生俱來的連結。

　　自我意識和自我同情是慷慨的基本要素。

　　我們在落實慷慨上都必須找到自己的平衡，取決每個人在生活中這個特定時刻手邊擁有什麼資源而定。

允許自己變有錢

對他人和自己都要慷慨，空杯子是倒不出東西來的。注意定期審視自己的狀態、財務的狀況，以及你與心目中比自己更強大的靈性力量是否保持連結。

信任

要相信自己能處理好金錢，對許多人來說是件極其困難的事——光是想到財務狀況，就會讓他們感到非常不安。他們可能不信任自己有能力帶動改變，不信任與他們打交道的金融機構，甚至不信任一切都會好起來這種簡單的可能性。

你如果在金錢練習上投入了些時間和精力，可能會發現自己正一點一點建立自信。然而也可能一層又一層剝開自己的信念和情緒，然後發現到這種不信任的深層根基。

我喜歡把信任看作是我們可以加進金錢工作中的一種成分。在做金錢工作的實務練習，或者關注與金錢有關的情緒問題時，添加一些信任吧！如果這看起來很有挑戰性，鼓起勇氣來，你絕對可以主動培養出信任的。

我每次去健行，都會增強我的信任能力。我融入自己的身體，把恐懼、焦慮、興奮、憤怒和快樂都交給宇宙。一般人在園藝、含飴弄孫、觀賞夕陽，或在慈善機構做義工時，也能體驗並加深自己的信任感。有些人則會透過靜心、祈禱或其他虔敬事務來培養信任，而另有些人會鑽研偉大的哲學著作。你也大可以藉由舞蹈或其他活動身體的練習，親身體驗信任。

找個方法，讓你與自己建立起更強的連結，並體驗那種完全信任交託的幸福感。要知道，培養信任與你的金錢工作密切相關，它是旅程的一部分。

生活和金錢都是有節奏、有週期性的。當我們了解到這點，就可以放心

去信任它。我們可以帶著信心和確切的了悟，知道生命中的一切都是暫時的。即使是最痛苦的時刻，也會過去。

　　信任並不會掩蓋痛苦或艱困的現實。它會為這情境帶來些從容、空間和舒緩，好讓我們可以度過難關。

日記

檢查一下自己的狀態。當你想到「信任」這個詞時，身體和其他方面有什麼感覺？

你信任自己嗎？你信任別人嗎？為什麼信任或為什麼不信任呢？

如果你能更相信自己，會是什麼樣子？你的身體會有什麼感覺？

允許自己變有錢

你要如何開始培養更強的信任感？可以在你的生活中加入哪些練習？

繁榮

逆風告白：我沒那麼熱愛「豐盛」（abundance）這個詞。過去二十年來，它已經成為一個流行詞，指的是任何與錢有關的事情。

我更喜歡用繁榮（thriving）這個詞來描述那種具有尊嚴、喜悅和堅韌等特質，極其強大而必要的人類經歷。

繁榮有很多面向、層次和主觀認定，而且它們一向都是包括財務數字，卻也遠遠超越數字範疇。

二〇一〇年，普林斯頓大學的一項研究發現，美國人的幸福感會隨著收入的提升而增加──但只會上升到一定程度。一旦個人年收入達到七萬五千美元，那麼收入再繼續增長對他們幸福感的貢獻，就微乎其微或根本沒影響。

當然，這其中有很多因素同時發揮作用，從居住地區與生活成本差異，到家庭成員多寡，支援網絡的強度等。當我們擔心食物、住所、醫療保健或長壽等基本需求時，很少有人能顧及繁榮成長。然而事情很少這麼簡單。

繁榮對每個人來說都不一樣，我們對繁榮的感知和體驗能力，在生活中不斷變化，有時與我們的財務狀況無關！

許多人在非常簡單、低收入的生活中也能繁榮發展，這要歸功於美好的社交關係、虔誠的宗教活動或令人滿意的工作。另一方面，我也認識不少百

萬富豪，苦苦掙扎難以鬆一口氣。

我們都有自己的繁榮之路，包括我們的練習、情緒和靈性追求。

隨著旅程的推進，你可能會發現自己真的需要增加收入，或設立一個「人生無法預料」基金。（這個命名是不是比「緊急基金」好一點？）或許也會發現你有能力提升幸福感，像是利用一頓大餐或獨自在廚房跳舞，至少能創造出一小段時間的幸福。也可以藉由了解到我們已經擁有的天賦，量入為出，花時間享受生活小確幸等情境，來步入繁榮。

到這裡先停下來想一想，在你的生活中，繁榮可能是什麼模樣。使用以下提示帶你進一步探索這種金錢疆界。如果你覺得這個練習很有難度，那就慢慢來。

深呼吸。做一次身體檢查。你現在很安全。

深入內在，問問自己：我需要什麼才能繁榮？

虛心接受隨之而來的答案。

如果你發現自己渴望更加繁榮，那就值得認真對待這個問題。

我需要什麼才能在情緒上繁榮？

允許自己變有錢

我需要什麼才能在心理上繁榮？

我需要什麼才能在身體上繁榮？

我個人通往更繁榮的途徑是什麼——無論多麼微小或令人驚訝？

生活中有哪些簡單的愉悅，能帶給我極大的快樂？

回想過去幾週或幾個月，有什麼東西帶來了繁榮的感覺？回憶快樂的時光，你能學到什麼？

感激

感激，十分美好，足以改變生活，有時卻又這麼難做到。

生活和金錢會讓人感覺非常折磨——事實也是如此。然而即使在我們最艱辛的日子裡，也許尤其是在那樣的日子裡，我們也可以暫停片刻，做幾次深呼吸，把我們的注意力轉移到感激上。

有時候，我們太專注於目標，以至於看不到眼前的美好。或者我們實現了一個里程碑，比如：提高信用評分或還清債務，只是為了直接進入下一個計畫。我們一直在追求成就，卻沒有停下來欣賞、慶祝或休息。

無論你的銀行存款是多是少，請停下來，心存感激。

花點時間，深呼吸，感激你所擁有的一切，你所做過的一切，你眼前的一切。

列出生命中你感激的五十件事。可能是你辛辛苦苦存下的儲蓄基金，也可能只是這個片刻，啜飲著一杯愜意的茶，聽著窗外知更鳥的啁啾。

允許自己變有錢

親愛的金錢探索者：

下個階段主題是願景。現在你可能會想：什麼是願景？

我們經由願景進入最瘋狂的夢想。現在描繪出你所渴望的宏大景象。那是種大膽想像。

聽起來是不是很美妙？

事情是這樣的——你很有可能會覺得，願景聽起來實在很有樂趣，或者光是閱讀它，就會讓你起雞皮疙瘩。

我們不做評判。

每個人都有自己的長處和不斷增長的優勢。對某些人來說，這些東西讓你覺得安適有歸屬感。你能毫不費力的在夢想、願景和價值觀之間，歡快的跳著華爾滋。

對某些人來說，這卻會是頗有難度的範疇——不適、陌生地帶、陰影和不祥的預感。有些人從來沒有被鼓勵要有「遠大的夢想」。匱乏、責任或社會期望壓扁了我們內心深處的欲望，改寫了我們的優先事項。甚至連想連結宏大的夢想都很困難，更不用說想像把它們變成現實了。

不要害怕。

不管你是喜歡做這件事，還是覺得很有挑戰性，這對你來說都很有價值且意義非凡。唯一正確的步伐就是你自己的步伐，有些道路相較來說會比較困難，有時我們也會在意想不到的時候走上這樣的路。

我會握著你的手，陪伴你走每一步。溫柔的對待自己。我們要潛得很深。

允許自己接受驚奇——它可能比你想像的更有挑戰性、更有趣、更有意義、更悲傷或更令人興奮！

這是為了你能參與其中。這是為了尊崇完整的你。

這是為了讓夢想成真。

第三階段

金錢地圖
MONEY
MAPS

願景

金錢可以是你的工具、你的夥伴，

幫助你創造理想的生活。

　　願景指的是，用你的心靈之眼去想像未來的可能性，它看到還沒有出現，但可能出現的東西。當我們說到洞見和遠見在深層財務工作中的重要性時，通常指的你對自己和未來的個人願景，也可能是你家人的願景。下面的問題可以幫助我們探索內心的渴望，並連結到我們想要看到的事物。

　　在你開始回答這些問題之前，務必了解：

　　如同生活中大多數事情一樣，描繪願景對某些人來說很簡單，對有些人來說就不那麼容易了。你可能已經很擅長想像了，也可能沒這樣做過——從來都沒做過。這裡有一些幫助你進入想像願景過程的方法。

允許自己變有錢

日記

你想要什麼？對你的生活來說，深切、真實、靈魂層面的渴望是什麼？

有什麼會賦予你生活的意義和目標？

活著，能讓你感到興奮的是什麼？

現階段對你來說，幸福生活在財務面上看起來應該是什麼樣子？（每個人都不一樣）是賺更多的錢、積極償還債務和減少開支……還是工作少一點？你透過撙節開支還是賺更多錢，來實現你的財務目標？也許兩個都有？

想像一下，五到十年後，你會有一筆相當可觀的錢是什麼感覺？只要開始思考這一點，就會很有力量。

在那樣的時空下，你會如何生活？

與你現在的生活方式有什麼不同？

你會用這些錢做什麼？

輕鬆自如想像自己進入那情境中。你還有注意到其他什麼事嗎？

允許自己變有錢

想像你只能再活二十四小時。

在這個願景中，不是關注你在最後幾個小時想做什麼，而是反思和回顧一下你的生活。

問自己以下幾個問題⋯⋯讓答案不假思索的湧現：

你的人生夢想，有哪些已經實現了？

有哪些夢想還沒有實現？

你的生活中，有什麼被忽視了、沒照料到或不受重視？

如果你的生命現在即將結束，你有什麼遺憾？

打從你允許美好願景浮現已經起了頭，
現在是時候開創一條通往那裡的道路了。
不過這也帶來一個讓人不太舒服，
且可能引發震盪的議題。

現在，回到你的中心點。

給自己充分時間好好書寫。尊重所有發生的事情，無論大或小，柔和或響亮，把以任何型態浮上心頭的所有東西全都寫下來。

113

⑪
用金錢地圖轉化預算

你對「預算」這個詞有什麼感覺？

我不知道你怎麼想，但光是看著那個可怕的詞，我就能感覺到自己牙根咬緊，有點反胃。

預算。反胃。我實在不喜歡——也不喜歡它所代表的很多東西。

是的，即使身為財務治療師，我也得老實這麼說！

我知道我不是唯一有這種感覺的人。幾乎和我一起工作過的每個人，都有不同程度的「預算包袱」。你也有同感嗎？

大多數人認為，預算是一種嚴格箝制他們支出的限制性制度。

「好了，日用品每週只能花五十美元——就這樣！」

「不行，我不能和你去看電影，因為那不在我的預算之內。」搭配悲傷音效。

就像嚴格限制飲食，要計算卡路里和秤食物的分量一樣，這種消費計畫奪走了你的自由和快樂。它具有濃厚的權力剝奪意味。它建立了一種機制，讓預算成為外部權威人士，告訴你能做什麼，不能做什麼。

這種冷硬自然會導致抗拒。

這就是為什麼這樣的預算幾乎總是註定失敗。正如過度嚴格的節食會導致內疚性暴飲暴食一樣，過於嚴格的預算，往往會導致違抗性的過度消費。

如果你認為事情會變成這樣，那麼你就知道不要服從這種預算制度為妙了吧？

值得慶幸的是，這種預算方法並不是我們在這裡所要倡議的。我們的重點會放在賦權和創造力，傾聽內心的權威，使你的生活和金錢與你的個人價值觀和信念相一致。這就是它跟做預算的不同之處。

在這裡，我要介紹給你一個新概念：創建你的金錢地圖。與枯燥的舊預算大不相同，金錢地圖從你的希望和抱負誕生，與你的價值觀、夢想和欲望交織在一起。

日記

你以前是否曾經嘗試實行預算制，卻發現它限制太多？

你實行預算制的時候發生了什麼？感覺如何？

這件事是否讓你不想再做預算？

當你看到自己的收支數字時，是什麼感覺？現在該怎樣做預算，才會讓你比較輕鬆愉快一點？

準備好學習一種全新、令人興奮的方法，來做這項工作了嗎？
我保證這絕對比你想像的要有趣得多。

創建你的三層金錢地圖

你旅程的下一步，是創建你的金錢地圖（不是預算），我喜歡分成三層來教授：基本需求生活方式計畫、舒適生活方式計畫和終極生活方式計畫。

允許自己變有錢

我鼓勵你接觸這三個層次，以便盡可能全面了解你目前所在的位置，以及你有沒有潛力達到想要的目標。

如果在開始實行基本需求計畫之後，你發現現在有很多需要努力去做的，那很好。或者也許基本需求和舒適生活方式計畫都適合你，這也完全沒問題。

在這裡，每個人都可以為這三層中的每一層創建自己的定義和參數。

⟨ 反思 ⟩

現在，花點時間簡單反思一下，每種生活方式對你的意義是什麼。這個練習將幫助你開始設想和定義這三個層次。在下面寫出你的想法、感受和對每一個問題的定義。

記住，在你探索每一層的時候，花時間做一次身體檢查，尊重你身體所出現的感覺。

117

我的基本需求生活方式

這些是你快樂生活的最基本需求。只有雜貨、房租和水電費嗎？包括健身房會員卡嗎？某種類型的食物？包括儲蓄嗎？每天一定要喝拿鐵嗎？

這裡你說了算！

允許自己變有錢

我的舒適生活方式

在這個層面上，我們為你的生活方式帶來更多舒適。有沒有每月一次的按摩或足療嗎？有沒有可支配的收入可以每週出去吃頓飯？你開始旅行了嗎？

我的終極生活方式

這裡我們進入最後一層。想像一下，你有足夠的收入來充分展現靈魂深處的欲望和最瘋狂的夢想，這對你而言是什麼模樣？

允許自己變有錢

計算你的收入

現在讓我們更進一步，帶入一些數字。

從列出你過去的平均月收入開始。然後慢慢的、仔細的列出你的每一項支出，找出每月的平均值。

有些人知道自己的確切收入。可能受薪族，或者事業已上軌道的創業者。有些創業者月收入可能起起伏伏。可以的話，請用個合理的估值。

深呼吸。我們遲早都必須著手開始。

計算你的支出

接下來，我們要開始安排你的支出。首先列出你的底線支出，也就是那些必須要有的支出。這些是沒有商量餘地的，我通常稱之為「基本需求」。

我想強調，只有你才能決定哪些費用屬於這種。例如：有些人認為汽車方面的支出算是他們的基本需求，因為擁有一輛車是他們生活中必不可少的一部分。然而同時，有些人則可以乘坐公共交通工具或騎自行車。

幾年前，我覺得吃有機食品對我來說非常重要，所以我把它放在我的基本需求中。當然，很多人即使很有錢，也從來不買有機食品。

這是私人的事情，就算你以前從來沒有這樣想過。

除了人與人之間的個別差異，隨著時間的推移，也會有差異。當你生命旅程往前推進，在決定某項支出是否仍屬於基本需求時可能會改變。這是正常的事，你做得很好。

盡量取得準確的數字。

找出你的銀行對帳單和信用卡對帳單。如果你不知道確切數字，或者費

121

用隨著時間而有變化，就抓個合理的估值。對於那些一年只發生幾次的支出，比如：汽車保養，就用合理估值除以十二，取得你每月的費用。使用下面的表格，來讓你有條不紊，並追蹤你的進展。

溫馨提醒：有時這項工作可能會讓你感覺沉重或引發負面情緒。允許自己休息一下。伸展一下身體。如果你需要的話暫時離座，等你準備好了之後，再回來。

這個空間是為了你而存在。這是你的旅程。歡迎你們所有人來這裡。

第一層：基本需求計畫

支出項目	月平均
租金或抵押金	
房屋修繕	
公用設施	
電話	
網路	
外出用餐	
家庭雜貨	
汽車支出	
健康保險	
娛樂	
衣物	
自我照護	

允許自己變有錢

支出項目	月平均
禮物	
教育	
助學貸款	
旅行	
信用卡支出	
儲蓄	
稅金	
投資	
總支出	

你現在的收入能支應你的基本需求嗎？

對此你有什麼看法？

允許自己好奇，放自己一馬。這是關於學習，而不是自我批判。帶著同情和溫柔的好奇心，去關注一切。

在你審視支出的同時，花點時間觀察一下自己，當你看著每分項的支出合計以及最後的總開支，你的感覺是什麼？

了解並正視你的數字，是一件非常重要的事情。這非常勇敢、成熟、負責任，而且罕見！你今天做了件勇敢的事。

經歷這個過程，能幫助你為明年的金錢關係制定計畫，並將這些計畫變成現實。

祝你好運，親愛的旅行者！你正在做的工作非常美好，也非常重要！深呼吸，相信這個過程。你可以做到。

我知道你一定可以。

現在是時候慶祝你又邁出了一大步，以及你已經取得的進步。

我為你感到驕傲。

允許自己也為自己感到驕傲。好好享受一下那種感覺。停留在那裡，讓自己沉浸在自愛和自我照顧的光輝中。

第二層：舒適生活方式計畫

支出項目	月平均
租金或抵押金	
房屋修繕	
公用設施	
電話	
網路	
外出用餐	
家庭雜貨	
汽車支出	
健康保險	
娛樂	
衣物	

自我照護	
禮物	
教育	
助學貸款	
旅行	
信用卡支出	
儲蓄	
稅金	
投資	
總支出	

第三層：終極生活方式計畫

支出項目	月平均
租金或抵押金	
房屋修繕	
公用設施	
電話	
網路	
外出用餐	

家庭雜貨	
汽車支出	
健康保險	
娛樂	
衣物	
自我照護	
禮物	
教育	
助學貸款	
旅行	
信用卡支出	
儲蓄	
稅金	
投資	
總支出	

　　無論你的收入或支出水準為何，這個三個層次的框架都能發揮支持與啟發的作用。

　　它有助於你重新組織你與支出的關係，明確定義你生活方式的不同層次，並有意識的讓自己吻合現階段適合你的生活方式。

　　任何人都有可能讓自己的消費習慣失去控制，把頭埋在沙子裡，或失去

對優先事項的關注。誠實面對你的財務狀況，是創造自己想要生活的第一步。

　　不管你有多少錢，帶著意圖引導它，總是一條通往更清晰、更有連結和賦權的途徑。

日記

你現在的生活方式在哪一層？

此時此刻，這給你什麼感覺？

做這些事的過程中，有什麼想法浮現出來？

：

紀律不需要感覺像懲罰。
收支計畫，
不需要讓人覺得苛刻也能奏效。
對自己越有同情心，
我們的系統就越能持久。

做這些計畫時，是否帶給了你任何想法？

描繪金錢地圖的時候，讓自己領受好奇、驚喜和喜悅。

把你珍愛的一切全都刻畫出來，以星星點綴。注入黑巧克力濃郁、宜人的香氣。讓它成為你自己的傑作。

透過這樣的做法，將原本枯燥乏味的預算，轉變為提高自我意識的途徑，並將它與你的價值觀和願景連結起來！

透過五個金錢領域制定你的路線

我們與金錢互動的五種主要方式：

1. 賺錢和收入
2. 花錢及支出
3. 儲蓄
4. 債務償還
5. 投資

要一直專注於這五個方面，通常是不可能，甚至是不理想的。當我們制定財務策略，或做情緒提升時，大多數人只關注其中的一、兩個方面，而把其他方面放在次要位置。這沒問題，而且絕對正常。如果我們有意識的選擇優先考慮或擱置某個財務領域，那就更好了。

在一段特定的時間內，專注於擴大你的收入潛力，可能會讓你專注於擴大你的投資能力，甚至回饋你的社區。

讓我們更詳細的探討一下這五個領域，這樣你就可以確定你現在想關注的領域。

賺錢和收入

　　有些人似乎天生就有賺錢的天賦，他們總是很容易賺到需要的錢，甚至比需要的更多。他們的「金錢功課」更側重於控制開支，或讓自己的選擇吻合深層的價值觀。

　　如果你正拚命在賺錢，無論你是在勉力保衛的是你的基本需求、舒適，還是終極那一層面的生活方式，請知道你並不是孤軍奮戰。

　　如果賺更多錢是你現在的首要任務，務必了解你是做得到的。這項任務涉及好幾個面向，請從金錢治療、金錢練習和金錢地圖中取得工具。有了同情心、決心和耐心，你可以擴展賺錢能力。

日記

你的金錢瓶頸是多少？你收入還無法突破多少——你的時薪、月薪、季收入或年收入？請寫在這裡，因為它需要被承認。

發想各種可以帶來更多收入的創意方案。就算該選擇感覺完全「遙不可及」或不可行，也要讓你的創意發揮出來。我的客戶做過的方案包含：談判加薪、提高價碼、兼差、用創業增加收入來源，在 Airbnb 上出租家中空閒房間、教吉他課，或在網上出售舊衣服。

> 對自己溫柔些。對各種可能性和夢想保持開放心態。

131

花錢及支出

讓自己更意識到花錢和支出並不一定是痛苦的限制——它可以讓人感覺優雅又有愛，而不是像是某種嚴厲、懲罰性的「金錢節食」。

要執行「金錢淨化」有很多不同的方法，就像食物淨化一樣。在這裡介紹的臨時修改，可以是結構化的、直觀的、嚴格的或奢侈的，如你所願。隨著你的旅程行進、隨著時間推移、隨著環境變化，你的減少支出看起來會有些變化。

記住，我們只能一步一腳印的前進。

日記

你是否願意把支出縮減到你的基本需求層一段時間嗎？你願設定為多久時間？執行起來會是什麼樣子呢？

你是否願意做一次金錢淨化——在一段特定時期內，以一種非常有意識的、自愛的方式縮緊你的支出？

你的「最大鎖定模式」可能是什麼模樣？定義中，這段時間需盡量少花錢。想辦法讓過程好玩又輕鬆。不花很多錢也能讓你過得多好呢？那生活會是什麼模樣？

認真發想出減少支出的創意方法。可能性是無限的。

每到月底，你會怎麼處理你所省下的錢？

133

儲蓄

儲蓄像是一塊花時間可以慢慢強化的肌肉，但有的時候，我們需要用不同方式來強化。在任何時候，決定與儲蓄的正確關係的，應該是我們每個人。對某些人來說，這代表每週或每月留出一筆錢或一定比例的款項。還有一些人喜歡為不同類別或目的，創造特定的儲蓄帳戶，比如：度假或買新車專用。我有一個客戶，她把自己的儲蓄類別重新命名為「心靈平靜」，每次看到這個帳戶的數字增長，她都會感到興奮和自豪。

日記

你現在是否可以增加一、兩個新的儲蓄帳戶？

如果可以，你會給這些新的儲蓄帳戶取什麼名字？（現金流、溫馨旅程、未雨綢繆、為未來乾杯、瞭望世界？）

債務償還

　　大多數財務大師對債務都有非常嚴格的看法。通常是這樣的：「所有的債務都是壞的！你不可能在負債的情況下獲得真正的自由。」可以理解的是，確實有債務的人接收到這樣的訊息，都會感覺自己很失敗。我在這裡要告訴大家，我們不必因為債務而認為自己能力不足。就像幾乎所有與錢有關的事情一樣，我的個人經歷讓我對債務的看法大不相同，沒有那麼僵化。

　　借錢可以非常有幫助，有時甚至是非常必要的。就像我們在生活中需要辨別什麼時候欠債一樣，我們也必須辨別什麼時候還債。就像儲蓄一樣，償還債務的方式和速度，也能與我們的個人情況和價值觀呼應。幾個月或幾年，盡快積極還清債務的感覺很棒。不過某些時候，我們可能需要放慢甚至停止還款，以專注於其他優先事項。

日記

現在你能專注於哪些金錢練習？諸如，仔細追蹤你的債務，按時還款以避免衍生滯納金，關注利率。

你現在有什麼需要金錢療癒的經歷？是圍繞著債務的恥辱感嗎？

你目前對自己有什麼不滿？現在準備好原諒自己了嗎？如果你的答案是肯定的，有什麼可以支持你做到這點？如果你的答案是否定的，能不能花點時間想像一下，自我原諒會是什麼模樣和感覺？

現在還有什麼需要被原諒的嗎？對你來說，有什麼事情是你已經準備好放棄的？

你能把你的債務類別重新命名，使它們成為能激發你以熱情和感激來償還的東西嗎？例如：你可以將「助學貸款債務」重新命名為「美好的教育」。

允許自己變有錢

投資

　　如果你認為投資只是股票、債券或現金；如果你認為這是在你有更多錢之前，不可能做到的事情；如果你認為你現在在生活和金錢上，有更重要的事情要做——請恕我不同意。

　　我們可以隨時隨地投資自己、投資家庭、投資事業、投資健康、投資教育、投資退休基金，以及投資內心平靜。任何時候我們花費時間、體力或金錢，都是一種投資。最終，金錢地圖的最後一個領域，是關於決定你想把你的錢、時間和體力放在哪裡——無論現在或未來。

日記

你的投資與價值觀吻合嗎？是時候和你的理財規劃師談談這個問題了嗎？

你需要找一個新的財務顧問，來幫你審查投資組合，使其更符合社會責任投資或社會正義投資嗎？

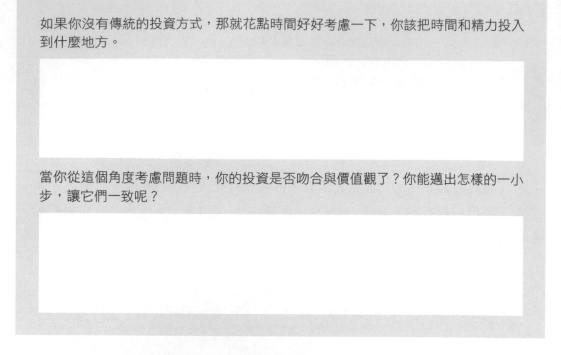

如果你沒有傳統的投資方式，那就花點時間好好考慮一下，你該把時間和精力投入到什麼地方。

當你從這個角度考慮問題時，你的投資是否吻合與價值觀了？你能邁出怎樣的一小步，讓它們一致呢？

　　審視並評估你的三層金錢地圖，評估你的生活方式處於哪一層，你想去哪裡，以及你想如何與金錢共處，這是一項大工程。一旦你在畫布上畫出了這些東西，那麼你所做的每一個關於金錢的決定，都是一個機會，讓你的願景或大或小的方式實現。

　　記得用身體檢查來結束這個練習，讓自己接地氣，處理你在這裡所做的工作。

身體檢查

練習 1 **在金錢互動之前**

我覺得……

我的想法、直覺、領悟……

練習 1 **在金錢互動之間**

我覺得……

我的想法、直覺、領悟……

練習 1 **在金錢互動之後**

我覺得……

我的想法、直覺、領悟……

⑬

如何做出正確的金錢決策

　　當我們在金錢地圖的新路徑上學習與金錢愉悅共處時，在日常的基礎上做出具體的金錢決策，仍然是一個棘手的領域。我們怎麼知道什麼時候該用華麗的方法說「是」？又什麼時候該置身事外，馬上說「不」或「不要現在」？

　　當你有一個過程和一組問題，來支持你做出可靠的金錢決策時，你會對自己所做的每一個決定，都感到非常清晰強大。我們不可能總是做對，甚至接近正確，更不用說完美了。請記住，我們都是來隨時學習、成長、調整和優化。隨著旅程的展開，這項工作仍在繼續。

　　我還記得，當我在街上的二手店、網拍平臺、去塔吉特百貨或站在汽車經銷賣場時，我會開始問自己一些問題。有一組問題可以自問自答，對我的決策過程非常有幫助。它們真的讓一切都不一樣了，我覺得我不是憑空做決定、猜測，或只能依賴我的情緒。

　　我是個人——有時我會忘記在當下回答問題。當這種情況發生時，我也會放自己一馬，並強調事後要回顧自己購買的東西。在我做這項練習時，我發現把身體檢查和一組很棒的問題結合起來，對我做金錢決策有很大的影響。

　　我現在有一個小儀式：在與錢打交道之前、之間和之後，都會做一次身體檢查。在購買的時候，我會問自己一些問題，之後我會回顧事情的進展、

允許自己變有錢

我學到了什麼，以及下次遇到類似情況時，我能做些什麼不同的事情。

　　我想和你們分享我最喜歡的一個簡單框架，我在做小型、中型和大型支出決定時，總是在使用它。我們來構建一組問題，在你面對金錢決定時，無論大小，都可以使用。

　　在做金錢決策時，沒有唯一的「正確」方法；我們都必須創造自己的標準，反映並尊重生命中每個階段對我們最重要的東西。我很高興能分享這個簡單的工具，在你的金錢之旅中，可以支持你。

　　使用提供的空間寫下你想要思考的問題，任何時候，在你需要做關於金錢的決定時使用——無論是在雜貨店，還是在考慮更大的、可能更令人興奮的購買時。

小型的金錢決定

在這裡，我們反思一下你認為是小購買的東西——也許是在塔吉特百貨買幾件東西，或是在你最喜歡的舊貨店買幾件衣服。

之前

做一次身體檢查，然後思考：

我是餓了（Hungry）、生氣了（Angry）、孤獨了（Lonely），還是累了（Tired）？（你可以將其簡稱為 HALT。HALT 的首字母縮寫來自於恢復計畫，但增加這種意識，可以幫助我們所有人做出更好的決定。）

檢查：我感覺怎麼樣？在做出這個小型的金錢選擇之前，我該如何照顧自己呢？

之間

在你購物或考慮小型購買物品時，你的腦海中有什麼問題？

我為什麼想要這個？

我需要它嗎？

我實際使用它的頻率是多少？

我回家的時候還能享受嗎？

我希望這次購買能給我帶來什麼樣的情緒？

我想給誰留下好印象？

我買這些東西是想照顧別人還是自己？

這次購買與我的短期和長期目標是否一致？

使用下面空間來思考你的問題：

之後

現在，花點時間來衡量一下，你對這次購買的感覺如何。這種練習可以提高你的自我意識，並將溫柔的注意力帶到你與金錢的關係上。回到你的問題上來，接著問你自己。這是一個明智的投資決策嗎？

同樣的，你也需要自己提出問題，但這裡有幾個可以開始：

我的身體感覺如何？

我在這種互動中感到精力充沛，還是精疲力竭？

我現在有什麼情緒？

我怎樣才能知道自己是否做了一個明智的金錢決定？

下次我會有什麼不同的做法？

使用這個空間，寫下你在購買後的體驗。

沿路重訪

我從這次購買中獲得了價值嗎？

我享受這次購買嗎？

當我反思這次購買時，我的身體感覺如何？

中型金錢決策

在這裡，我們創造了一個空間，有意識的檢查中等規模的金錢決策。考慮諸如購買汽車、電腦、家具、新電器或計畫一次大旅行之類的支出。

之前

做一次身體檢查，然後思考：

我是餓了、生氣了、孤獨了，還是累了？（你可以將其簡稱為 HALT。HALT 的首字母縮寫來自於恢復計畫，但增加這種意識，可以幫助我們所有人做出更好的決定。）

檢查：我感覺怎麼樣？在做出這個中等規模的金錢選擇之前，我該如何照顧自己？什麼工具或資源，會讓我在做這個決定時，感覺得到更好的支持？

之間

我為什麼想要這個？

我需要它嗎？

我實際使用它的頻率是多少？

我期望從這次購買中獲得什麼價值？

我希望這次購買能給我帶來什麼樣的情緒？

我想給誰留下好印象？

我買這些東西是想照顧別人還是自己？

這次購買符合我的價值觀和對我真正重要的東西嗎？

這次購買與我的短期和長期目標一致嗎？

這與我每年的現金流有什麼關係？和我的兩年計畫？

使用下面空間來思考你的問題：

之後

現在花點時間來評估一下你對這次購買的感覺。

同樣，你也需要自己提出問題，但這裡有幾個可以開始：

我的身體感覺如何？

我在這種互動中感到精力充沛，還是精疲力竭？

現在我有什麼情緒湧現？

允許自己變有錢

使用這裡的空間，在購買後立即或快速的寫下你的體驗。

沿路重訪

我從這次購買中獲得了什麼好處或價值嗎？

現在我的情緒是什麼？

當我反思這次購買時，我的身體感覺如何？

大型金錢決策

在這裡，我們要探討重大的金錢決策。這些選擇對我們的生活和財務都很重要。我們正在考慮買房子或計畫婚禮。

雖然我們一生中會做出許多其他大型的金錢決定，但像創業、休假或決定何時退休，這樣的選擇需要更長期的規劃，和財務規劃師或教練的個人化

支持，或兩者都有！這是一個溫和的提醒，我們都需要在這些宏觀的金錢決策中尋求指導和支持——尋求幫助既勇敢，也是賦權。

與此同時，下面的問題將有助於指導你，隨著你在日常生活中遇到大型的金錢決策，讓你與金錢的關係更加真實和親密。

之前

做一次身體檢查，然後思考：

我是餓了、生氣了、孤獨了，還是累了？（你可以將其簡稱為 HALT。HALT 的首字母縮寫來自於恢復計畫，但增加這種意識，可以幫助我們所有人做出更好的決定。）

使用下面的空間來檢查自己。我感覺如何？在做這個金錢選擇之前，我該如何照顧自己？什麼樣的工具或資源，能讓我在做這個決定時，更有準備、有更多支持？

允許自己變有錢

之間

我該把這種購買稱為需要、想要,或欲望嗎?

我期望從這個決定中得到什麼?

我現在可以購買嗎?我有足夠的現金流嗎?

這次購買支持我的短期和長期目標嗎?

在這一點上,這會以一種不可持續的方式讓我感到不便嗎?

這與我未來兩年的現金流和生活計畫有什麼關係?

這次購買對我的夢想有幫助,還是有損失?還是中性?

在我人生的這個特殊時刻,這次購買屬於哪一種生活方式?是基本需求、舒適,還是終極需求?

這次的特殊購買符合我的價值觀嗎?對我來說真正重要的是什麼?

購後審查

花點時間來評估一下你對這次購買的感覺。

同樣,你也需要自己提出問題,但這裡有幾個可以開始:

我的身體感覺如何?

我在這種互動中感到精力充沛,還是精疲力竭?

現在我有什麼情緒湧現?

使用這裡的空間，寫下你購買後的體驗。

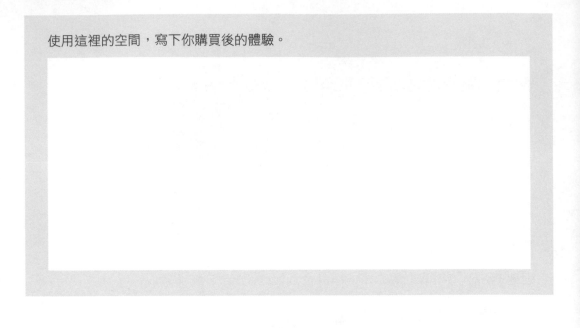

　　你可以隨時查閱這些問題，隨著時間、根據需要修改它們。任何時候，當你覺得你需要做出一大筆錢的決定時，把這些問題記在心裡。給自己一些空間和時間，重新審視和探索自己的答案，並在你的金錢之旅中做出選擇。

允許自己變有錢

處理金錢變化球

人生和金錢都有起起伏伏。

當你在錢的問題上遇到瓶頸時，你會怎麼做？

當你不只是被困住，你的手臂都被束縛住了，你會怎麼做？你一直被同樣的問題困住，卻一無所獲，只會更加困惑。還有你原有的積極創意呢？它一定是度假去了。

你並沒有出什麼問題，也不是無可救藥。我們每個人都會遇到這種事，這就是遭逢「金錢變化球」的感覺。

情況可能是你剛剛發現你正在接受國稅局的審計，或者你已經幾年都沒有加薪了，這就是變化球的感覺。也許身為創業者，你正在經歷巨大的現金流驟減。也許你正在考慮是否應該賣掉房子，以減少開支。也可能你有一個偉大的夢想之旅，但你還籌不出旅費。或全球疫情讓你生活在封閉之中，你的選擇很有限，你發現自己在情緒和經濟上都在苦苦掙扎。

壞消息是，這可能會讓人不舒服、不知所措。

好消息是，確實會有辦法能解決這個問題，走出困境，至少在財務上露出一線生機！

我知道我們都希望有一天我們能擺脫錢的問題，我們會把一切都弄清楚，然後從此過著幸福快樂的日子，所有錢的問題都被老天解決了。但是實際上，我們與金錢的關係是持續的，這是一生的旅程。

金錢變化球隨時都會出現，就像生活中也會有種種萬萬沒想到的衝擊一樣。

當我們發現自己陷入一個金錢難題時，會發生什麼事？很多人都嚇壞了。在那瞬間，我們只能戰鬥、逃跑，或僵住。

好消息是，當金錢變化球出現時，有一些工具可以幫助你解決它們。

以開放的心態正面迎向重大的金錢難關，
可以為你在生活的許多方面都增添勇氣。

我們絕對可以找到新的解決方案、新的可能性和新的方法，來解決金錢問題，即使我們感到壓力大。

在我自己的生活中，我當然也有被困住的時刻、哭泣的時刻，以及找不到解開金錢之謎的鑰匙的時刻……直到，突然之間，我明白了。

當答案出現時，它就像魔法一樣——我非常感激我終於突破並找到了補救辦法。就像多年前我在樹林裡尋找框架，散步、禱告、與天空討價還價一樣，突然間，我有辦法看到了一種全新的方式，來解決我的金錢之謎。

努力工作、意念、堅持、一些禱告，再加上一點魔法，金錢的變化球就變順了。這讓我想起了愛因斯坦的一句名言：「瘋狂就是一遍又一遍的做同樣的事情，卻期待不同的結果。」

我們的金錢之旅要求我們一直坐在金錢之謎的旁邊，直到我們解開它們，找到一個新的途徑，開始下一個冒險。

處理金錢變化球的方法

我們在生活中都會遇到金錢方面的挑戰。不管你信不信，但每個人都遇到過那些大型的金錢變化球，一開始，我們不知道如何應對。這裡有一個簡單但很有效的框架，可以幫助你度過這些考驗。

金錢變化球日記

深吸一口氣，讓自己感到舒適。在開始使用以下提示之前，請先進行身體檢查。

讓自己回顧一下自己的生活，直到一個特定的金錢變化球出現在腦海中。在這裡詳細描述一下那件事的情況：

在你寫當時的情況時，有什麼情緒浮現？探索那些部分，把一切都釋放出來。

你的身體發生了什麼變化？你注意到什麼感覺？你感覺想要戰、逃，還是僵住？

深呼吸。你要如何尋求支持？

開始認真發想，圍繞著這個金錢變化球，問自己一些新問題。

首先，請以最快的速度，盡量填滿這些句子：

「我想知道……」

「我想知道我能不能⋯⋯」

「我想知道他們能不能⋯⋯」

「我想知道我們能不能⋯⋯」

給自己自由思考的空間：

看看你寫的東西，若想要繼續前進，你接下來要邁出怎樣的一步？可以是與你信任的人分享你的情況，也可以是在大自然中散步思考。

第三階段：金錢地圖

請再寫下一到三個你可能接著採取的小步驟：

如果你感受到一些阻力，利用下面空間來探索為什麼，以及如何克服它：

一旦你邁出了一小步（或三步），請在此回報。事情進展如何？結果你的下一步計畫變清晰了嗎？你感覺如何？

允許自己變有錢

試試以下這個框架。看看它是否能幫助你更輕鬆的度過——並解決下一個重大的金錢挑戰。

- 你現在面臨著什麼樣的金錢難題？（辨識、命名和承認你正在處理一個變化球，這些都很重要！）

- 分享你在這個挑戰中對金錢的所有感受——詳細描述。它們給你帶來了什麼？這裡有因為過去經驗而觸動的嗎？

- 你可以開始問自己哪些新的問題？就像我上面所做的那樣，發想新方法來看待你的變化球！

- 你現在需要什麼類型的額外支持，來協助解開這個謎題？

- 當你著手解決這個金錢難題時，你可以和哪些朋友或信任的人談談？

很少人會歡迎金錢變化球，但只要掌握得好，它們是很好的成長機會。如果你現在正糾結於一個重大的金錢謎題？繼續。繼續和它坐在一起。找到你內心深處的勇氣，無論發生什麼都要堅持下去。不管要花幾天、幾週、幾個月，還是幾年的時間，答案都會來的。不管你感到多麼困難，只要你忍耐得夠久，你最終會找到解決辦法。

要知道，並相信。你最終會發現，這個變化球是一扇門，而你可以打開它。你將穿過那道門，進入一個直觀的、財務啟蒙的空間。誰知道在這個過程中，你會發現或受到什麼啟發呢？無論在我自己的生活中，還是在有數千人的「金錢的藝術」社群中，我一次又一次的看到這種情況發生。

我知道你做得到。請繼續。

有了耐心、溫柔和豐盛的自我關愛，
我們就能走自己的路——
一次一小步。

15

你的金錢遺產

　　金錢遺產指的是，你所流傳下去的一切與金錢有關的東西，包括你的生活方式。它是你累積的財富、你對金錢的態度，以及金錢對你的意義是什麼。

　　你可以從實際面、情緒面、心理面和靈性面等各種角度，來幫助自己思考這些問題。

展望日記

你想把什麼樣的重要金錢智慧流傳給你自己的孩子，或下一代？

什麼樣的財務練習、見解和態度，對你真正有效？你想留下什麼？

是否有些金錢羞愧感是你需要療癒的,以確保你不會把它傳下去?老實說,我相信我們多少都有一些!你有沒有想要解決的金錢問題?

關於賺錢、消費、儲蓄、給予和接受,你學到了哪些你認為可以讓別人受益的東西?

說到錢,你希望別人因為什麼而記住你?

什麼樣的金錢觀念,是你想要傳遞給下一代或給他們做榜樣的?

最後,採取行動。

你覺得你需要做哪些事，來讓你的金錢遺產以有形的方式傳遞下去的嗎？你想僱用遺產規劃師，立一份遺囑或信託嗎？你想和你的孩子、伴侶或朋友談論你的嗎？

現在你可以做哪些日常小事，來為你的金錢遺產注入活力？例如：如果慷慨是你想留下的金錢遺產之一部分，那就尋找表現它的方法。

在你計畫著你想要留下的遺產時，記得懷著充分的溫柔、好奇、同情和自愛進入到這個過程中。

就像所有關於金錢的事一樣，這些問題涉及到你的很多層面。在這裡，我們整合了你的健康和身體、情緒、信念、關係、性別動態、具體練習、大型願景、深刻探索靈魂等。

就我個人而言，我最大的金錢難題之一，就是學習思考未來。我到三十歲出頭，都還無法想像未來幾週的財務狀況。像許多美國人一樣，我過著月光族的生活，甚至連想像未來的生活，都像是一種我負擔不起的奢侈。

161

一個人對未來財務狀況的看法，大大反應出他們的性格。你可能是一個戴著玫瑰色眼鏡的夢想家，或者是悲觀的類型，又或者你對未來的感覺，就像我之前情況——未來就像一張超出你想像的、深不可測的空白畫布。

我的挑戰是讓自己有能力思考未來，這樣我就可以排定優先順序，為未來做計畫，並從現在開始採取行動，為未來做好準備。規劃未來讓我們直面信任、樂觀和黑暗。它還揭示了當前的幸福，和我們可能想不到的意外事件之間的微妙平衡。

我們人生的重要課題，
就是學會如何珍惜現在，同時為未來的目標而努力。

我們都需要為現在與未來的等式，找出自己的解決方案，但在我看來，心胸開放的提出這些問題，就已經贏了——而且值得慶祝！

金錢遺產的問題，將我們直接帶到了未來的門口。你可以選擇把錢存到股票和投資上，為你的退休或孩子未來的目標和夢想做準備。你可以專注於慈善事業，把它當作你傳給下一代的禮物。你在生活中的態度和選擇，將創造你的金錢遺產。

我希望的是，我的遺產能在尊重過去、現在的自我照顧，和對未來的關愛之間取得平衡。我還沒有找到那種微妙的平衡，所以我一直把這些問題放在心上，也在我的記帳之中。

在我們的金錢旅程上，我們都會不斷增強各種優勢。值得慶幸的是，我們越去探索金錢關係，自信心就會越強。

回顧和反思

對開始旅程的反思：

你會怎麼形容你目前與金錢的關係？回想一下，你曾經如何、現在如何，以及自從你開始更關注你與金錢的關係以來，有了什麼變化？

你的金錢關係的哪些方面需要一些突破？你成長的邊界和停滯的地方是什麼？在這裡把它們點出來。

允許自己變有錢

你現在每週都有做金錢練習嗎？你的進展如何？你對此有什麼想法？你是喜歡它，還是抗拒它？感覺如何？

你對金錢的下一個層次是什麼——情緒的、實際的，還是靈性方面的？例如：你是否為你的團隊增加了新的財務支持人員？你是第一次學習 QuickBooks 嗎？你開始用記帳系統記錄你的支出和收入了嗎？你在以一種新的方式接受嗎？

允許自己變有錢

在未來六個月到一年的時間裡，你的金錢目標是什麼？六個月後，你想做到什麼？
你想要完成什麼？療癒還是轉化？你想在哪裡潛得更深？

在前進的過程中，你想設置什麼樣的界限？

允許自己變有錢

你有什麼想要感謝的嗎？你會如何慶祝那些在日常生活中，會讓你感激的事情呢？

記住，這段旅程是讓你好好享受的。

這不是短跑，終點線也不如過程的體驗重要。

你可以按照自己的喜好，緩慢或輕鬆的度過整個過程。

允許自己變有錢

結語

很榮幸在這裡見到你，親愛的金錢探索者。

此時此刻，無論你正處於金錢之旅的哪個階段，無論你的道路如何展開，與你分享這份金錢功課都是一種榮幸。

我必須坦白說，到此尚未結束。

你個人的金錢故事隨著你做的事情而繼續前進，一步一步，勇敢的飛躍前進。有時我們會發現自己在陰影中跌跌撞撞。如果你正在努力找到自己順暢的節奏，請相信我你會找到的。即使過了這麼多年，有時我也會遇上不順。

追求真實和真正的連結，可能會讓人不舒服。成長、寬恕、放手——這些都有些深奧。我們可能會發現自己在陰暗的山谷中花費的時間，比我們希望或預期的要多。你值得扛起重擔，你的內心值得挖掘，你可以書寫新的篇章，而且你會的。你已經開始了。

深呼吸。做一次身體檢查。

現在，先放過自己，讓自己好好的休息。帶著一杯舒適的茶、一些誘人的黑巧克力，或者任何讓你感到振奮和被愛的東西，蜷曲起身體休息。

容我邀請你不斷重溫你的日記和你在這裡所做的功課，像是當你需要指導的時候、想要慶祝的時候，當你想要停下來反思些什麼的時候；或者當你在貼近自己和了解自己到一種新的深度時，以及你在做重大的金錢決定，卻面臨情緒的難關時，而有個小小聲音在呼喚你要感激時，都可再回到這個練

習。讓這本書與你的實作練習成為一個軌跡標記，一個當你需要收集你的方位時，可以返回的安全空間，一個在你改變模式甚或做重大改變時的基點。

感謝你允許我成為你旅程的一部分。

進一步支持你的資源

我真誠的希望這本書能幫助你探索生活中最重要的一種關係。記住，你和金錢的關係真的需要持續的照顧和滋養。一個健康、和平、有能力的財務生活，是由許多微小的小步驟組成的。

在這本書中，我已經向你介紹了我的財務工具包裡面一些最重要的金錢練習。從身體檢查到你的金錢故事、金錢約會，以及你的三層金錢地圖——每一個都是成長和療癒的強大工具。只要你願意，以上任何一項都可以改變你的金錢關係。

然而，你在這裡所經歷的，只是大量工作中的一個小樣本。它只是「金錢的藝術」中的冰山一角。還有許多主題和工具並沒有被提及，例如：

- 更深入使用身體工具
- 選擇使用哪種記帳系統（Mint, YNAB, Quicken, MoneyGrit, QuickBooks）
- 學習如何使用自己的記帳系統（自己動手或找記帳教練）
- 創造「不可怕」的帳戶圖表
- 學習如何制定每月、每季和每年的財務日期
- 替財務支持團隊中的不同成員明確身份（簿記員、會計師、財務治療師、財務教練、財務規劃師等）
- 如何選擇和雇用你的財務支持團隊

- 了解夫妻的金錢動態

- 學習夫妻金錢約會的框架

- 了解你與父母和孩子之間的金錢關係

- 了解如何與你的配偶、父母、孩子和朋友進行更健康的金錢對話

- 設定你的費率，學習最好的商業模式，像一個有創意的創業者一樣管理你的錢

- 個人和夫妻雙方如何做出正確的理財決策

- 學習投資語言

- 學習如何用社會責任投資基金（SRI）進行投資

- 學習如何編預算和了解你的現金流

- 更深入的個人理財、夫妻理財和創意創業者理財教學

- 如何做出重大的金錢決定，如休假、創業或計畫退休——這個大過程涉及將你的數字、資源、願景、目標、計畫和人生階段交織在一起，並給予深刻的考慮和支持

- 理解貨幣的宏觀方面，以及構成我們生活的宏大、全面的系統，比如全球經濟和世界歷史的影響和強加——從貧富差距和社會經濟結構，從社區邊緣化到社會正義和資源再分配

　　如果這個清單看起來很多，那是因為它確實很多！在你的生活中，你會繼續加深你對金錢的知識和理解，我邀請你繼續在「金錢的藝術」課程或書中與我一起探索這種關係。

　　謝謝您。

芭里　‧　泰斯勒

國家圖書館出版品預行編目(CIP)資料

允許自己變有錢：三步驟自我對話練習，改變金錢關係，讓錢流進來 / 芭里．泰斯勒 (Bari Tessler) 著；吳宜蓁譯 .-- 初版 .-- 新北市：虎吉文化有限公司, 2023.08
　面；　公分 .-- (Method ; 3)
譯自：The art of money workbook : A three-step plan to transform your relationship with money
ISBN 978-626-97496-0-7(平裝)
1.CST: 金錢心理學　2.CST: 財富　3.CST: 成功法
561.014　　　　　　　　　　　112010243

虎 吉 文 化

Method 03

允許自己變有錢
三步驟自我對話練習，改變金錢關係，讓錢流進來

作　者	芭里·泰斯勒（Bari Tessler）
譯　者	吳宜蓁
總 編 輯	何玉美
校　對	張秀雲
封面設計	楊雅屏
內頁設計	楊雅屏
排　版	陳佩君
行銷企畫	鄒人郁
發　行	虎吉文化有限公司
地　址	新北市淡水區民權路 25 號 3 樓之 5
電　話	（02）8809-6377
客　服	hugibooks@gmail.com
經 銷 商	大和書報圖書公司
電　話	(02)8990-2588
印　刷	沐春行銷創意有限公司
初版一刷	2023 年 8 月 30 日
初版五刷	2024 年 5 月 9 日
定　價	380 元
I S B N	978-626-97496-0-7

THE ART OF MONEY WORKBOOK: A Three-Step Plan to Transform Your Relationship with Money by Bari Tessler
©2022 by Bari Tessler
Published by arrangement with Shambhala Publications, Inc.,
2129 13th St, Boulder, CO 80302, USA,
www.shambhala.com through Bardon-Chinese Media Agency
Complex Chinese translation copyright © 2023
by Hugibooks Co., Ltd. ALL RIGHTS RESERVED

HUGIBOOKS